Menorca

EIN STREIFZUG DURCH DIE INSEL

TRIANGLE POSTALS

© 2010 **TRIANGLE POSTALS** SL
Sant Lluís, Menorca

Fotografien **Jaume Serrat**
Ricard Pla
Juanjo Pons
Lluís Bertràn
Iñaki Relanzón
Isolda Delgado
Isabel Martín
Pere Sintes

Text **Joan Montserrat**
Imma Planes (Informationen und Empfehlungen)

Wir bedanken uns bei **Lluís Plantalamor** - Museu de Menorca
Fernando Contreras - Ecomuseu de Cap de Cavalleria
S'Aeroclub de Menorca

Gestaltung **Joan Barjau**
Ricard Pla

Abbildungen **Perico Pastor**

Layout Triangle Postals

Karten Triangle Postals

Druck Sanvergràfic

Dipòsit legal B. 32226-2010
ISBN 978-84-8478-218-6

Inhaltsverzeichnis

Eine überraschende Insel

Wer sich daran macht, diese Insel zu entdecken, pflegt zu sagen, sie sei einzigartig, anders, überraschend. Einzigartig ist sie ohne Zweifel, so wie jeder Winkel dieser Erde es sein kann, denn wir werden immer etwas auf dieser Insel finden, dass sie uns anders erscheinen lässt. Überraschend, dieses Attribut, das heutzutage nicht mehr so einfach anzuwenden ist, scheint uns jedoch das passendste. Menorca ist glücklicherweise noch in der Lage, seine Besucher zu überraschen. Eigenschaften der Insel sind so vielfältig und in ihrer Verschiedenheit so unerwartet, dass keine umfassende Definition in einem Wort möglich ist, aber schon ein Besuch von kürzester Dauer gibt genügend Hinweise darauf, dass es sich um eine ganz besondere Insel handelt.

Menorca ist die zweitgrößte Insel der Balearen und zudem sowohl die nördlichste als auch die östlichste. Hinsichtlich des Klimas und der Bodenformation unterscheidet sich Menorca wesentlich vom Rest der Inselgruppe. Die historische Entwicklung mit ihren zahlreichen Veränderungen seit dem Altertum und die Spuren, die die verschiedenen Bewohner auf der Insel hinterlassen haben, bilden einen besonderen und einzigartigen Zusammenhang... So ist es nicht verwunderlich, dass es über Menorca eine umfangreiche Literatur gibt, die diese Vielfältigkeit bekräftigt: Es gibt viel zu sehen und vieles, über das man reden kann.

Ein Beispiel: Die Siedlungen in diesem geographischen Raum waren immer in hohem Grade voneinander unabhängig, wenn nicht sogar miteinander verfeindet, bis die Notwendigkeit einer globalen Territorialpolitik und die Fortschritte im Bereich der Kommunikationsmittel sie einander näherbrachten. Das Inseldasein wurde bestmöglich verteidigt; aus Angst, die traditionellen Besonderheiten oder den Bewegungsspielraum einzubüßen, bemühte man sich, die bestehenden Distanzen aufrechtzuerhalten.

Auf der anderen Seite hat sich der Menorquiner, dessen Wurzeln in vielen Kulturen und ethnischen Kreuzungen zu suchen sind, gegenüber Fremden aber immer großzügig gezeigt, offen und bereit, seine Reichtümer zu teilen. Noch vor wenigen Jahren war es ungewöhnlich, in den Dörfern eine verschlossene Tür zu entdecken.

← Cala Macarelleta
↓ Binibeca Vell

Gelassenheit war der Normalzustand, die Sauberkeit in den Häusern spiegelte sich auf den Straßen wider, jegliche Betriebsamkeit richtete sich nach dem Lauf der Sonne... Diesen Rhythmus in den Sommermonaten, wenn die Touristenmassen über die Insel hereinbrechen, beizubehalten, ist recht schwierig. Aber auf Menorca bemüht man sich selbst unter diesen Umständen noch darum, mit den Besuchern die Lebensqualität zu teilen, die die Inselbewohner das ganze Jahr über genießen. Man erträgt die Nachteile, die es mit sich bringt, wenn die Bevölkerungszahl sich im Sommer von 80 000 fast ums Doppelte erhöht.

Die Infrastruktur ist manchmal unzureichend, was auf dieses Missverhältnis zwischen der Einwohnerzahl in den Winter- und Sommermonaten zurückzuführen ist. Dieser Umstand zwingt dazu, die vorhandenen Ressourcen mit großem Geschick zu verwalten. Was jedoch die Lebensqualität betrifft, muss man zugeben, dass es ein Luxus ist, sich in einer Umgebung aufzuhalten, die zu einem großen Teil noch unversehrt und der Vergangenheit treu geblieben ist.

Die Bewohner der Balearen wissen deshalb die unversehrte Natur immer mehr zu schätzen. Auf Menorca war die Opposition gegen den Bau weiterer Siedlungen bis vor kurzer Zeit ausschließliche Angelegenheit einiger Gruppierungen, die den unersetzbaren Reichtum der Natur der Insel in Gefahr sahen. In der Gegenwart ist jedoch der Wunsch, die Interessen des Tourismus mit dem Schutz der Natur in Einklang zu bringen, sehr stark geworden. Als im Jahr 1993 der Insel von der UNESCO das Prädikat „Biosphärenreservat“ verliehen wurde, ließen sich auch die widerwilligsten Sektoren der Insel davon überzeugen, dass eine harmonische Entwicklung ohne einen Rahmen, der der Verteidigung und der Aufrechterhaltung dieser Realität dient, nicht möglich ist.

Im Rahmen dieser Entwicklung muss auch der Schritt, der mit der Verabschiedung des spanischen Gesetzes über Naturschutzgebiete gemacht wurde, das fast der Hälfte des Territoriums Schutzwürdigkeit auf verschiedenen Ebenen bescheinigt, als außerordentlich wichtig betrachtet werden. Insgesamt wurden 19 Gebiete als „Naturschutzgebiete von besonderem Interesse" oder „Landstriche von besonderem landschaftlichen Wert" katalogisiert. Das lässt einerseits erkennen, dass die erwähnten Reichtümer der Natur tatsächlich noch erhalten sind, und andererseits, dass es den Willen und die Notwendigkeit gibt, sie zu erhalten.

Fast die ganze Insel wird noch von der Landwirtschaft geprägt

Der geographische Rahmen

Die im Süden des Golfes von Lyon, praktisch im Zentrum des westlichen Mittelmeers gelegene Insel Menorca ist fast ebensoweit von Marseille wie von Algier entfernt und liegt etwas näher an dem spanischen Küstenort Castelló de la Plana und Oristano auf Sardinien. Die Küstenlinie mit einer Gesamtlänge von 290 km umgibt eine Fläche von 701,84 km². Die weiteste Distanz von einem Ende der Insel zum anderen beträgt noch unter 48 km, und die äußersten geographischen Punkte sind das Cap de Cavalleria im Norden, die Illa de l'Aire im Süden, das Cap de Sa Mola im Osten und das Cap de Bajolí im Westen. Zwischen Ciutadella und Alcúdia, dem nächsten Ort auf der Nachbarinsel Mallorca, liegen 50 km.

Die nördlichen Landstriche der Insel unterscheiden sich wesentlich von denen im Süden. Die natürliche Grenze zwischen beiden Zonen entspricht in etwa einer Diagonalen vom Hafen von Maó nach Algaiarens. Oberhalb dieser Trennlinie befinden sich ältere Bodenformationen des nicht mehr erhaltenen paläozoischen Sockels, andere, die während des Trias entstanden, und wieder andere, die aus dem Jura und der Kreidezeit stammen. Daraus ergaben sich kontrastreiche Farben und Texturen auf einer hügeligen Oberfläche, aus der nur drei Anhöhen herausragen, nämlich Santa Àgueda (264 m), S'Enclusa (274 m) und El Toro (358 m).
Vom Süden her hat sich ein breiter Streifen aus Miozänformationen über das beschriebene Gebiet geschoben und eine flache, kalkige Oberfläche geformt, die spä-

Hauptsächlich widmet man sich der Viehzucht

ter von starken Regengüssen aus dem Norden teilweise abgetragen wurde. So entstanden Flussbetten, die das Gebiet mit zahlreichen kleinen, aber tiefen Schluchten durchzogen. Im menorquinischen *migjorn*, dem Südhang der Insel, ist das Gestein kalkhaltig und der Sand der Strände weiß, während im Norden, der *tramuntana* heißt, Kieselerde vorherrscht, die mit verschiedenen Sandstein-, Kreide- und Schieferarten durchsetzt ist.

Das Wasser, das Licht und der Wind

Die Tier- und Pflanzenwelt passen sich dieser Umgebung je nach Bodenbeschaffenheit und auch in Abhängigkeit von ihrem Bedarf und der Verfügbarkeit von Wasser an. Die Trinkwasserversorgung stellt für die Menorquiner von jeher eine große Sorge dar. An den prähistorischen *cocons*, in die Felsen gehauene Aushöhlungen geringer Tiefe, und den Zisternen späterer Epochen lässt sich erkennen, dass die Inselbewohner immer darauf angewiesen waren, die geringen natürlichen Süßwasserbestände mit Regenwasserreserven zu ergänzen. Nur im Süden, wo der Boden durchlässiger ist, ist er auch in der Lage, Regenwasser aufzunehmen und als Grundwasser zu speichern.

Glücklicherweise ist das Klima im Vergleich mit dem Rest der Inselgruppe sehr feucht. Wer Menorca nur in den trockenen Sommermonaten kennt, vermag sich die grüne Explosion während der restlichen Monate des Jahres wohl kaum vorzustellen. Unter Ausnahme sehr trockener Jahre wird der fehlende Regen im August normalerweise durch die regelmäßigen Niederschläge und reichlich Tau im Winter zu Genüge ausgeglichen. Den unbekannten Herbst nennt man hier *primavera d'hivern*, Winterfrühling. Hierbei handelt es sich nicht um eine bloße poetische Umschreibung, da der Herbst hier wirklich frühlingshaft ist und es auch kaum Laubbäume auf der Insel gibt, die ihre Blätter im Herbst abwerfen. So fehlt das typische Bild des Herbstes, das man aus anderen Breiten kennt.

Ein weiterer Faktor, der den Charakter der Insel wesentlich mitbestimmt, ist ihr besonderes Verhältnis zum Wind. Da auf Menorca praktisch keine natürlichen Hindernisse existieren, die sich dem Wind entgegenstellen, ist die Insel allen Winden ungeschützt ausgeliefert, egal, aus welcher Richtung sie wehen. Meist kommen sie aus dem Norden und die gefürchtetste Variante ist auch die kräftigste und konstanteste, nämlich der Tramontana-Wind, der Geschwindigkeiten von 35 bis über 90

Die unter Naturschutz stehende Griechische Landschildkröte Westrasse *(Testudo Hermanni)*

Stundenkilometern erreicht und mit seiner Kraft die Landschaft formt. Machtlos beugen sich Büsche und Bäume vor ihm, er behindert die Arbeit auf dem Land und auf dem Meer, und das Salz, das er mit sich trägt, schadet den Obstbäumen. Andererseits sorgt er für den meist blauen und wolkenlosen Himmel, saubere Luft und strahlenden Sonnenschein... und den Kühen gefällt das bereits gewürzte Gras auf der Weide.

Es gibt kaum extreme Temperaturschwankungen, und in den Archiven kann man sehen, dass es „irgendwann einmal irgendeinen Tag“ geschneit habe. Die Durchschnittstemperatur beträgt im Sommer 25°C und im Winter 12°C. Das ist wohl auch einer der wichtigsten Gründe, weshalb viele ausländische Rentner, vor allem aus Großbritannien, sich hier einen angenehmen Ruhesitz gesucht und ihn auch gefunden haben.

Flora und Fauna

Wie bereits gesagt, gibt es auf Menorca kaum Laubbäume. Das ist u.a. darauf zurückzuführen, dass das vorhandene Wasser optimal genutzt werden muss, so dass immergrüne Arten mit wasserundurchlässigen Blättern und Nadeln im Vorteil sind. Der Bestand an Arten, die man als „einheimisch“ bezeichnen könnte, wie der Johannisbrot-, der Mandel-, der Feigen- und der Olivenbaum (wobei auf der Insel der genetische Vorläufer, der Oleaster überwiegt), und die auf den

El Toro

Dieser 358 Meter hohe Fels liegt im Zentrum der Insel und ist aufgrund des dortigen Sanktuariums eine beliebte Wallfahrtsstätte für die Menorquiner. Seine Lage macht den Gipfel zu einem beliebten Aussichtspunkt, von dem aus man Mallorca und natürlich die ganze Küste überblicken kann. Einst war er befestigt, damit sich die Inselbewohner gegen die Angriffe berberischer Piraten zur Wehr setzen konnten, heute aber handelt es sich um einen spirituellen Ort der Anbetung der Statue der dunkelhäutigen Jungfrau, der Schutzheiligen Menorcas. Der Legende nach wurde die Figur von einem heiligen Mercedariermönch gefunden, der von einem silberhufigen Stier zu ihr geführt wurde. Das Kloster wird heute von Franziskanernonnen bewohnt.

↑ „Rote Fliegen", eine auf Menorca heimische Orchideenart

↗ „Schweinsohr" *(Dranunculus muscivorus, Drachenmaul)*, ein anderer Name, der treffend eine seltsame Blume beschreibt

anderen Baleareninseln häufig sind, geht auf Menorca zurück. Auch die Kaktusfeige, die die Rolle einer zweiten Feigenart spielt und von den Menorquinern als Maurenfeige im Gegensatz zur Christenfeige bezeichnet wird, ist weit verbreitet.

Zur Holzproduktion wurde im allgemeinen auf den Oleaster und die Steineiche, die sich am besten an den Boden und das Klima angepasst haben, zurückgegriffen. Tatsächlich bildeten diese Bäume die wichtigsten Ökosysteme der Insel, und es wäre wünschenswert, wenn dies auch weiterhin so wäre; aber durch den Rückgang des Bestandes konnten sich im Norden und im Zentrum der Insel einige Pinienarten ausbreiten. In den Feuchtgebieten und in Strandnähe finden sich Sevenbäume, viele Buchten sind aber auch von Pinienhainen umgeben.

Auf der zweiten Vegetationsstufe wachsen der Mastixbaum, immergrüner Kreuzdorn, Erdbeerbäume, Heidekraut, Myrte, Ginster, Wacholder, Oleander, Dornbüsche und auf Bodenhöhe Liliengewächse (wie der wilde Spargel), Aronstabgewächse (wie der einzigartige Krummstab) und einige seltsame Orchideen, wie die sogenannten gelben und blauen „Moscas" (Fliegen).

Auch Strandlilien wachsen zwischen den Dünen, weißliche Zistrosen und Montpellier-Zistrosen in den abgeholzten Gebieten und Binsen in den Feuchtgebieten. Flechten bedecken die Felsen, und dem heftigen Wind, der an der Küste herrscht, trotzen dichte, runde Dornensträucher, die sogenannten *socarrells*.

Der Name der Anhöhe stammt nicht vom Wort *toro* – zu deutsch Stier – sondern vom vorrömischen *tor*, dem ethymologischen Vorläufer des katalanischen *turó* – zu deutsch Hügel. Bei den Arabern hieß der Fels Al Thor, was Anhöhe bedeutet. An der Nordseite erlaubt ein Pfad durch den Steineichenwald den Aufstieg zu Fuß, und an derselben Seite befindet sich auch die Quelle von L'Enzell, an der sich die einzige Mineralwasser-Abfüllanlage der Insel befindet. Das Denkmal für die in Afrika Gefallenen wirkt etwas erdrückend, was aber wirklich stört, sind die vielleicht unvermeidlichen Fernmeldeantennen.

↑ Seidenreiher *(Egretta garzetta)*
↗ Schmutzgeier *(Neophron percnopterus)*

Die Tierwelt auf dem Festland besteht aus kleinen Säugetieren, Reptilien, Insekten und zahlreichen Vogelarten. Zu diesen Säugetieren gehören Marder, Frettchen, Wiesel, Kaninchen, Fledermäuse, einige Feldmausarten und der scheue Igel. Die meist verbreiteten Reptilien sind die Griechische Landschildkröte Westrasse (testudo hermanni hermanni), Mauereidechsen und einige kleine und nicht giftige Schlangenarten. Aber die häufigsten und typischsten Tiere sind die verschiedenen und sehr vielfältigen Vogelarten. Dass wir den majestätischen Flug eines Rotmilanpärchens oder anderer Greifvogelarten beobachten können, weist auf die Unversehrtheit der ökologischen Pyramide hin. Diese Vögel bilden die Spitze dieser Pyramide, und wenn die Spitze unversehrt ist, sind auch die darunter liegenden Schichten im Gleichgewicht.

In allen Biotopen der Insel existiert eine eigene Vogelwelt. In den Schluchten gibt es Turtel- und Ringeltauben, Wildtauben und Amseln, an den Steilküsten und in den Häfen Möwen, Sturmschwalben, Sturmtaucher und Kormorane, in den Wäldern und auf den Äckern Waldschnepfen, Goldhähnchen, Ziegenmelker und Schnäpper, Rebhühner und Wachteln... Darüber hinaus lassen sich auf dem offenen Land Lerchen, Haubenlerchen, Ammern, Wiedehopfe und Raben beobachten. Hinzu kommen im Winter Rotkehlchen und Grasmücken und große Star- und Drosselscharen, denn viele Zugvögelarten, die der Kälte des

„Sargantanes"

Eidechsen sind auf Menorca so häufig wie die Felseninseln, und die zahlreichen verschiedenen Arten sind Forschungsobjekte von Naturforschern und Biologen. Die Illa de ses Sargantanes, die Illa d'en Colom, die Illa de l'Aire... Gerade hier ging der Bestand bis vor kurzem wegen der starken Nachfrage vor allem aus Deutschland stark zurück. Terrariumsbesitzer fanden sie wegen der außergewöhnlichen schwarzen Hautfarbe besonders reizvoll, die sie, wie mancherorts erzählt wird, verlieren, wenn man sie aus ihrem natürlichen Lebensraum herausnimmt. Die im Laufe von Jahrhunderten entstandenen, merkwürdigen Endemismen können jetzt aber dank der Tierschutzgesetze vor Ort beobachtet werden.

Mäusebussard *(Buteo buteo)*

Nordens entfliehen, legen auf Menorca einen Zwischenstopp ein. Wenn es dann auf den Sommer zugeht, kommen aus den Gebieten südlich der Sahara Rauch- und Uferschwalben, Bienenfresser usw. In einigen Gegenden der Insel sind die Vogelbestände von so großer Bedeutung, dass zu ihrem Schutz Siedlungsprojekte eingestellt wurden. Dies war z.B. bei der Lagune Albufera de Es Grau der Fall, wo neben der großen sesshaften Vogelschar jedes Jahr Tausende von Zugvögeln brüten. Hobbyornithologen können hier im Wasser, an den Ufern und im Schilf Stockenten, Blässhühner, Wasserrallen, Rohrsänger, Stelzenläufer, Lappentaucher, Reiher, Strandläufer, Tafelenten, Triele und andere Vögel beobachten.

Darüber hinaus sind das ganze Jahr über Greif- und Aasvögel zu finden. Das Eindringen des Menschen in einige der Gegenden, in denen diese Vögel zu nisten pflegten, hat die Anzahl von Exemplaren an einigen der größeren Arten bedrohlich schrumpfen lassen; das ist beispielsweise beim Fischadler, beim Zwergadler und sogar beim Rotmilan der Fall. Falken, Turmfalken, Mäusebussards, Sperber, Schmutzgeier und Rohrweihen sind dagegen noch recht häufig zu beobachten. Genauso Zwergohreulen und Eulen. Und dann gibt es ebenfalls so viele Arten kleinerer Insektenfresser, dass man sie hier nicht alle nennen kann.

Rote Kühe, schwarze Pferde

Die auf Menorca am weitesten verbreitete Kuhrasse ist die friesische Schwarzbunte –schwarz-weiße Flecken auf Grün –. Ebenso sieht man einige Herden der etwas wollhaarigen Rasse Charolais. Allmählich sind auch Fortschritte bei der Nachzucht der alten menorquinischen Rasse zu verzeichnen, eine Kuh von rötlicher Farbe und mit Furcht einflössendem Aussehen. Sollten Sie auf eine treffen, halten Sie lieber Abstand. Während die Kühe rot sind, sind die einheimischen Pferde tiefschwarz. Es handelt sich um eine gut gebaute Rasse, die man zu Recht als edel bezeichnen kann. Diese Pferde sind die Hauptdarsteller auf allen Festen, und es ist ein ganz typisches und sehr beeindruckendes Bild, inmitten der Menschen das Tier steigen zu sehen. Stolz leiten die Reiter ihre geschmückten Pferde, denen sie bunte Bänder in Mähne und Schweif geflochten haben, durch die Menge.

 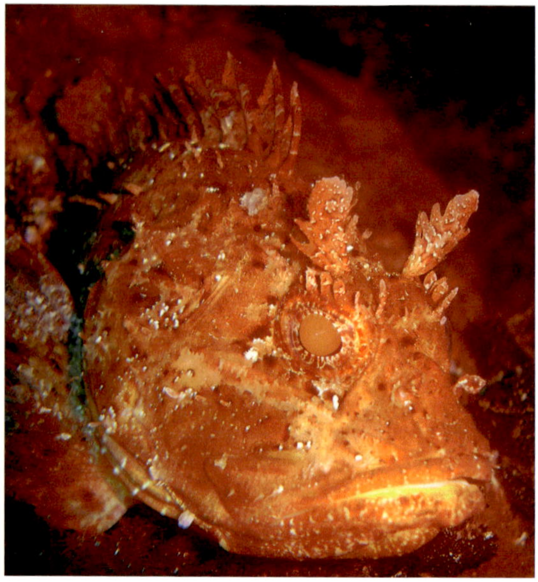

↑ Gemeine Krake *(Octopus vulgaris)*

↗ Der große Drachenkopf *(Scorpaena scrofa)* wird in diesen Breiten als Caproig bezeichnet

Das Meer und seine Reichtümer

Der natürliche Reichtum setzt sich, wie es sich für eine Insel gehört, im Meer fort. Dort, wo das Land endet, malen Wellen und Gezeiten bei jedem Schritt, bei jedem Ruderschlag eine andere Landschaft. Wer sich daran macht, die Küste der Insel auf ihrer ganzen Länge zu erforschen, hat die interessante Möglichkeit, den *Camí de Cavalls* (1682) zu benutzen, eine historische Strecke, die bis gegen Mitte des letzten Jahrhunderts militärisch und zivil genutzt wurde. Der Inselrat hat in Zusammenarbeit mit den Stadt- und Gemeindeverwaltungen diesen Weg für Wanderer, Reiter und Geländeradfahrer wieder instand gesetzt. Der Weg ist jedoch sehr lang (ungefähr 180 Kilometer), deshalb muss man ihn in Etappen und Teilstücke unterteilen.

Deshalb ist der Weg über das Meer der beliebteste, um die Küste zu erforschen. Menorca in Etappen auf einem kleinen Boot zu umrunden ist eine traditionelle Gewohnheit der Inselbewohner, die die Touristen enthusiastisch übernommen haben. Diese Gewohnheit lässt an manchen Tagen im Sommer regelrechte Pilgerzüge über das Meer entstehen, ein Meer, das von morgens bis abends damit fortfährt, die Steilküsten und Höhlen zu formen, Kiesel und Sand heranzutragen und uns ständig mit neuen Formen zu überraschen.

Wer die Gelegenheit hat, diese Aussichten zu genießen, sollte sie sich nicht entgehen lassen. Allerdings gibt es auch andere herrliche Aussichtspunkte und Strände, die zum Schwimmen und Sonnenbaden einladen. Die Freunde des Tauchsports können zwischen felsigen und sandigen Landschaften wählen; sie können in die Tiefe hinabtauchen, wo der braune Zackenbarsch und der rote Drachenkopf leben, oder über den Teppich aus Schalentieren und Fischbrut hinweggleiten. Diese Unterwasserwiesen mit ihrer schier unerschöpflichen Sauerstoffproduktion gehören ebenfalls zu den bedrohten Ökosystemen auf diesem Planeten. Es ist von großer Wichtigkeit, sie vor ihrem schlimmsten Feind, dem Menschen, und seinen Fangtechniken, zu schützen.

Wegen des Missbrauchs oder falschen Gebrauchs dieser Fangtechniken ist die als *vell marí* – alter Matrose – bezeichnete Mönchsrobbe bereits von diesen Küsten verschwunden. Auch die Meeresschildkröte ist vor der Insel kaum mehr anzutreffen. Obwohl die Liste der hier lebenden Arten sehr lang ist, darf man nicht vergessen, dass dieser Artenreichtum leicht aus dem Gleichgewicht gebracht werden kann, was sich auf das gesamte System auswirken würde.

Geschichte und Gesellschaft

Schon immer war Menorca den typischen Wechselfällen besetzter Länder ausgesetzt. Zahlreiche Völker und Kulturen haben sich auf der Insel ausgebreitet, ihre Gebräuche eingeführt und die Situation verändert. Insgesamt können all diese Veränderungen aber wohl als Bereicherung betrachtet werden. Heute, nach vielen Jahrhunderten, existieren zahllose, zum Teil grundverschiedene Einflüsse nebeneinander und bilden ein ausgesprochen attraktives Mosaik.

Bevor die Phönizier wegen der Feuer, die sie an ihrer Küste beobachteten, der Insel den Namen Nura gaben, trafen hier Menschen, die vom Festland kamen, auf Menschen aus dem östlichen Mittelmeerraum und begründeten Kulturen, von denen zahlreiche prähistorische Denkmäler zeugen. Deren Erforschung und Restaurierung durch verschiedene archäologische Forschungsgruppen hat dafür gesorgt, dass Menorca heute über einen einmaligen Bestand an Denkmälern verfügt, dessen Umfang sich täglich durch neue Ausgrabungen vergrößert. Die Tatsache, dass noch viele vorgeschichtliche Überreste unentdeckt sind, wird durch den kürzliche Funde von menschlichen Skeletten und Skeletten der bereits ausgestorbenen Ziegenrasse „Myotragus balearicus" in Höhlen in Ciutadella und Es Migjorn bewiesen. Man fand in diesen Höhlen auch sehr gut erhaltene Gegenstände aus Bronze, Keramik und Holz.

Vortalaiotischer Begräbnisfund aus der Zeit um 1800 – 2000 v. Chr., Bestandteil der Vives-Escudero-Sammlung

Die ersten Einfälle phönizischer und griechischer Seefahrer waren friedlicher Natur, sie dienten einer Ausweitung der Handelsgebiete. Die Karthager dagegen landeten in anderer Absicht an den Küsten der Insel. Unter dem Befehl Magos, eines Bruders Hannibals, besetzten sie die Häfen und rekrutierten gewaltsam die legendären Steinschleuderer. Ihre Geschicklichkeit sollte die Inselbewohner zu jener Zeit zu Hauptfiguren in den Punischen Kriegen machen.

Rekonstruktion einer Keramikurne aus der ausgehenden Talaiotepoche. Die Reste stammen aus der Ausgrabungsstätte von Trepucó

Aus dem Meloussa der Griechen wurde das Minorica der Römer, als Quintus Caecilius Metellus die Insel für das Reich unterwarf. Man schrieb das Jahr 123 v. Chr., und es begann eine neue Etappe, in der zahlreiche befestigte Straßen gebaut, die Siedlungen Iammona (Ciutadella), Mago (Maó) und Sanisera (Sa Nitja) gegründet und die neue Provinz Insulae Balearis eingerichtet wurden. Die Einheimischen schienen sich mit den Neuankömmlingen gut zu verstehen; das Gefüge zerbrach erst, als im 5. Jh. die Wandalen in Erscheinung traten. Die neuesten Ausgrabungen, die in der dritten der oben genannten Hafenstädten, in Sanisera, durchgeführt werden, bezeugen, dass noch einiges zu entdecken ist, was die Bedeutung der römischen Präsenz zeigt. Die Ausgrabungsarbeiten umfassen auch Unterwasserforschungen im angrenzenden Meeresabschnitt. Einige der dabei gefundenen Stücke werden bereits im ökologischen Museum von Cap de Cavalleria ausgestellt (sie Seite 144).

Die Insel war bereits vor langer Zeit in den christlichen Einflussbereich geraten, wie die berühmte Epistel des Bischofs Severus aus dem Jahre 417 beweist, in der eine Mission von Iammona nach Magona zum Zwecke der Bekehrung der dort ansässigen jüdischen Gemeinschaft beschrieben wird. Als die arianischen Wandalen auf die Insel kamen, gab es bald blutige Verfolgungen. Doch weilten sie nur für kurze Zeit auf der Insel. Sie wichen während einer jahrhunderte andauernden, historischen Epoche, zu der keine gesicherten Überlieferungen erhalten sind, der byzantinischen Expansion.

Kleine Bronzestatue der Gottheit Imhotep, die über heilende Kräfte verfügen sollte. Aus der Ausgrabung von Torre d'en Gaumés. Die Statue stammt wahrscheinlich aus der letzten Zeit der Talaiotperiode

Diese Zeit offensichtlicher Regierungslosigkeit endete mit der Einführung der aufblühenden arabischen Kultur. Die nun als Minurka bezeichnete Insel wurde im Jahre 913 dem Kalifat Córdoba angegliedert. Im Jahre 1015 ging sie in das Teilreich Dénia der Almohaden über, die sie in vier Distrikte aufteilten, Bewässerungssysteme schufen und Obst- und Gemüsegärten anlegten. In dieser Epoche nahm die Bevölkerung zu, und Angehörige verschiedener Religionen lebten friedlich zusammen.

Die Eroberung durch die Katalanen

Im 13. Jh. ergab sich durch den Vormarsch der katalanisch-aragonischen Truppen ein radikaler Wechsel der Herrschaftstrukturen im westlichen Mittelmeerraum. Mallorca wurde von den Heeren Jakobs I. erobert, der Menorca im Jahre 1232 als Lehen erhielt. Die Insel behielt diesen Status bis ins Jahr 1287, als sie von Alfons III. mit einem aus Sizilianern, Mallorquinern, Katalanen, Aragonesen und Berufssoldaten bestehendem Heer erobert wurde. Die Mauren wurden versklavt oder nach Zahlung eines Lösegelds verbannt. Viele von ihnen erreichten ihr Ziel allerdings nie, da sie kurz nach dem Auslaufen von der Insel ins Meer gestürzt wurden. Der König verteilte die Ländereien als Kriegsbeute unter den Rittern, die ihn begleitet hatten, was zu einem allmählichen Verfall der sozialen und wirtschaftlichen Strukturen führte, dem man später, als die Insel durch den Vertrag von Anagni bereits unter die Herrschaft des Königreichs Mallorca geraten war, durch die Einführung einer Gemeindestruktur – den *universitats* – entgegenzuwirken versuchte.

Nach einer kurzen Phase des Aufschwungs und des Fortschritts war die Geschichte der Insel bis zum Ende des Mittelalters durch Armut, Seuchen, Plünderungen, Auseinandersetzungen zwischen der Landbevölkerung und dem regierenden Adel, Obskurantismus und Dekadenz geprägt. Im 16. Jh. litt die Bevölkerung, was kaum möglich schien, unter der nachlässigen, von blutigen Geschehnissen gekennzeichneten Herrschaft von Monarchen wie Karl V. und Philipp II. sogar noch mehr. 1535 traf in Maó eine große Schwadron unter der Führung des grausamen Barbarossa, Admiral Süleimans II., ein. Jeder Widerstand war zwecklos, die Stadt wurde geplündert und gebrandschatzt und ihre Bewohner gefangengenommen. Nur ein Vierteljahrhundert später, im Jahre 1558, wiederholte der Türke Mustafa Piali diese „Heldentat" in Ciutadella, und es kam zu weiteren Plünderungen und Gemetzel. Zudem verlor die Inselhauptstadt wichtige historische Dokumente und Gegenstände.

Als unheilvoll kann auch das 17. Jh. bezeichnet werden, als die Insel von Piraten bedroht wurde und neue Seuchen die Bevölkerung dezimierten. Nur für den Adel, der seine Privilegien ausbaute, und den Klerus, der die Umstände zur Ausweitung seines Einflusses nutzte, brachte diese Epoche Vorteile mit sich. Die Nationalitätenwechsel des 18. Jh. verbessern die Lage der Insel deshalb erheblich. Das Jahrhundert begann mit Auseinandersetzungen zwischen den Anhängern des Erzherzogs von Österreich, der Anspruch auf den spanischen Thron erhob, und den Anhängern Philipps, die die Bourbonen unterstützten. Der Spanische Erbfolgekrieg nahm auf Menorca die Form eines regelrechten Miniaturbürgerkriegs an. Da französische Truppen die Bourbonen unterstützten, landeten britisch-holländischer Kräfte auf der Insel, die sich fast widerstandslos besetzen ließ und lediglich abwartete, bis im Utrechter Friedensvertrag von 1712 der erste Souveränitätsübergang besiegelt wurde.

Römische Münze im Wert eines Silberdinars, auf der die Göttin Roma dargestellt ist. Sie stammt aus dem Jahr 146 v. Chr. und wurde in der Ausgrabungsstätte von Sanisera gefunden. Heute ist sie im ökologischen Museum von Cap de Cavalleria zu sehen

Kleiner Stier aus Bronze, gefunden im Umkreis der Taula in Torralba d'en Salord. Möglicherweise handelt es sich um eine Votivfigur aus dem 3. oder 4. Jh. v. Chr.

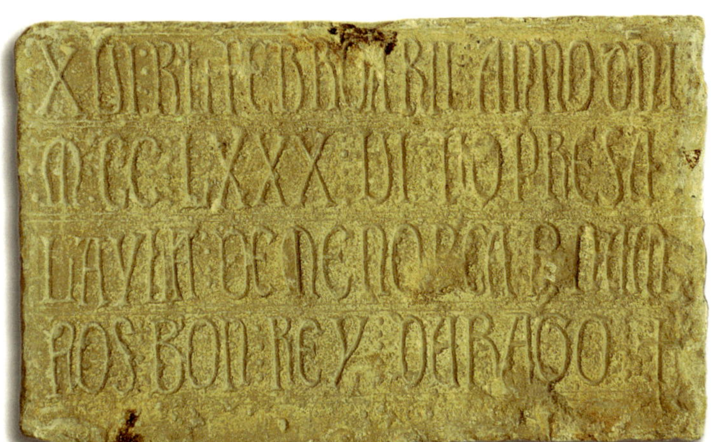

Diese gotische Inschrift erinnert an die Eroberung der Insel durch Alfons III. und befindet sich gegenwärtig im Museum von Menorca. Sie stammt aus der Brücke Pont de na Gentil in Maó

Diese drei Ölgemälde auf Leinwand werden aufgrund von stilistischen und thematischen Ähnlichkeiten dem Landschaftsmaler Joan Font i Vidal (1811 – 1855) zugeschrieben. Nur das Gemälde in der Mitte mit der Datumsinschrift „10. Oktober 1850" ist jedoch von ihm signiert

Briten und Franzosen

Die britische Besetzung von 1708 bis 1756 wird von einigen Historikern als „goldenes Zeitalter" der Menorquiner bezeichnet. Der Machtmissbrauch, den einige Gouverneure ausübten, wurde von London aus zügig korrigiert, und über den ersten, Richard Kane, ist ohnehin nur Positives überliefert. Er führte den Anbau von Futterpflanzen auf der Insel ein, befahl den Bau der ersten Hauptstraße der Insel, die noch heute seinen Namen trägt, beendete die Inquisition, ermöglichte die Einrichtung zahlreicher Schulen und sorgte darüber hinaus für viele weitere Verbesserungen. Lediglich die Bewohner von Ciutadella, die mit Maó als neuer Hauptstadt ihren Hauptstadtstatus verloren, fühlten sich vielleicht durch die Entwicklung, die während Kanes Amtszeit stattfand, benachteiligt, während in Maó in dieser Epoche ein starker Aufschwung im Handel stattfand.

Die Zeit der britischen Herrschaft endete mit der Landung von 20 000 Soldaten unter dem Oberbefehl des Herzogs von Richelieu, angesichts derer die Briten keine andere Möglichkeit sahen, als sich kampflos zurückzuziehen. Sieben Jahre lang, bis 1763, gab es eine friedliche Koexistenz der neuen Besatzer und der Inselbewohner. Unter dem französischen Gouverneur, dem Grafen von Lannion, erlangte das katholische Ciutadella etwas von seiner ehemaligen Bedeutung zurück, und die Ortschaft Sant Lluís wurde zu Ehren des französischen Königs gegründet. Als aus Paris der Befehl kam, die Insel der vorherigen Besatzung zurückzugeben, nahmen die Franzosen tatsächlich nicht viel mehr als das Rezept für die Mayonnaise mit.

Als die Briten zurückkehrten, war von dem guten Willen, der sie in früheren Zeiten auszeichnete, nichts mehr zu spüren. Das Elend und der Hunger zwangen einen Teil der menorquinischen Bevölkerung, nach Florida auszuwandern oder ihr Heil in der Freibeuterei zu suchen. Die einzigen öffentlichen „Baumaßnahmen" bestanden in der Zerstörung der Vorstadt von Sant Felip und der Umsiedlung ihrer Bewohner ins neue Georgetown, das heutige Es Castell. Nach neunzehn Jahren schlechter Regierung und Ungerechtigkeit, nämlich von 1763 bis 1782, standen die meisten Menorquiner der Rückeroberung durch eine französisch-spanische Flotte unter der Führung des Herzogs von Crillon nicht mehr ablehnend gegenüber. Die spanische Souveränität wurde wiederhergestellt, und eine der ersten Maßnahmen, die ergriffen wurde, war die Sprengung der legendären Burg von Sant Felip. Noch einmal, zwischen 1798 und 1802, würden die Briten die Insel besetzen; allerdings

veränderte sich zur Jahrhundertwende der Lauf der Geschichte wesentlich. Trotz der guten Arbeit des Grafen von Cifuentes als Stellvertreter Karls III. bedeutete die Einrichtung der spanischen Verwaltung die Ankunft des Absolutismus und damit den Verlust von Freiheiten. Die herrschende Dekadenz wirkte sich während der Herrschaftszeit Karls IV. und Ferdinands VII. bereits auf sämtliche Stände aus. Einmal wieder führt die Armut zu einer Emigrationsbewegung, dieses mal nach Algier und anderen nordafrikanischen Städten, und erst gegen Mitte des 19. Jh. sollte die Industrialisierung eine relative Erholung der Wirtschaftslage ermöglichen.

Die neuere Geschichte

Die Einführung neuer Produktionsmethoden führte zur Gründung einer Arbeiterbewegung, die den Keim zahlreicher Veränderungen in der Gesellschaftsstruktur darstellte. Als Beispiel können etwa die Ausrufung eines Generalstreiks gegen den Krieg in Marokko oder die Gründung einer Gewerkschaft der Arbeiter der Schuhindustrie auf Betreiben des Anarchisten Joan Mir i Mir gelten. In politischer Hinsicht führte das Scheitern der Ersten Republik und die Rückkehr zur Monarchie zur Erholung der alten Herrschaftsschichten, während der grundbesitzende Adel die bourbonische Restauration unterstützte. Die Wahlen zu den Cortes – der spanischen Ständeversammlung – im Jahre 1879 wurden auf den Balearen von den Konservativen gewonnen, deren Vertreter auf Menorca der Herzog von Almenara Alta war.

Mit dem Antritt der Thronfolge durch Alfons XIII. im Jahre 1902 begann die spanische Restaurationspolitik zu kriseln; die Reformversuche von Liberalen und Konservativen scheiterten. Nur letztere hatten im monarchistischen Lager ein gewisses Gewicht. Andererseits war die republikanische Partei sehr erstarkt, die während mehrerer Legislaturperioden den Parlamentssitz einnahm, der der Insel zustand. Ein Beweis für den wirklich demokratischen Charakter, der zu jener Zeit bereits in der Region vorherrschte, ist die Tatsache, dass die Kandidaturen der „Dorftyrannen", unter der Führung von Juan March auf Mallorca und Pere Matutes auf Ibiza, keine Unterstützung fanden. Die Phase des Rückschritts während der Diktatur Primo de Riveras verstärkte diese Tendenz nur noch: Die Gemeinderatswahlen von 1931, nach denen die Zweite Republik ausgerufen wurde, wurden auf Menorca (und auf Formentera) von der Front Únic Antimonárquic – der Antimonarchistischen Einheitsfront – gewonnen, die aus Sozialisten und Republikanern bestand.

Der spanische Bürgerkrieg hatte auf Menorca traumatische Konsequenzen. Die Militärkommandantur erklärte in Übereinstimmung mit den Befehlen der Aufständischen den Kriegszustand, aber bereits einen Tag später, am 20. Juli 1936, wurde sie von Volkstruppen und Unteroffizieren unter dem bedauerlichen Verlust vieler Menschenleben niedergeschlagen. Die Insel sollte der Republik bis zum Februar 1939 treu bleiben, und die Repressalien nach dem Ende des Krieges übertrafen noch bei weitem das Ausmaß der bisherigen Geschehnisse.

Die weithin bekannte Bilanz der vierzig Jahre andauernden Franco-Diktatur soll an dieser Stelle nicht noch einmal gezogen werden. Durch das Einparteiensystem und die Bürokratisierung der Verwaltung wurde das Desinteresse der Bevölkerung an der Politik zum Normalzustand. Bis zum Ende der Fünfzigerjahre waren keine Anzeichen für eine Veränderung der gesellschaftlichen und wirtschaftlichen Strukturen zu erkennen. Erst in den Sechzigern, als die Insel auch wieder einen gewissen Wohlstand erlangte, begann im Untergrund eine demokratische Bewegung zu entstehen.

Allerdings musste man bis zum Tode des Diktators im November 1975 und den Reformen, die zur Durchführung der ersten demokratischen Wahlen seit der Zweiten Republik im Juni 1977 führten, warten. Im Dezember 1978 wurde schließlich mit der Unterstützung der Mehrheit der politischen Parteien von König Juan Carlos I. die neue Verfassung verkündet.

Am 17. Februar 1982 stimmte das Abgeordnetenhaus der Bearbeitung des Autonomiestatuts der Balearen zu, der die Inselräte (Consells Insulars) der einzelnen Inseln als Regierungsorgane festschreibt, aus denen dann der Interinsuläre Generalrat der Balearen (Consell General Interinsular de les Balears) gebildet wird.

↑ Gemälde eines unbekannten Künstlers aus dem Jahr 1835, das die Tätigkeiten im Hafen von Maó in jener Epoche darstellt. Die Lager, die man auf dem Gemälde sieht, befanden sich einst am Fuße des Weges, der die Molen mit dem heutigen Platz Miranda verband. Auf dem Gemälde sind die verschiedenen Stände vertreten, wie Händler, Klerus usw., sowie auch die damaligen Handwerker und Berufsgruppen: Schiffszimmerleute, Bauern, Fischer, Hafenarbeiter, Fuhrleute, Gin-Destillierer usw.

↗ Ölgemälde auf Leinwand mit der Signatur B. Pax 1859, das die im Jahr 1856 in Cala Figuera eröffnete Fabrik „La Industrial Mahonesa" darstellt

Wirtschaft

Die Einrichtung der ersten Schuhfabriken in Ciutadella um 1850 bedeutete zweifellos den Beginn der modernen Wirtschaft auf Menorca. Mit dem Wandel der Arbeitsbedingungen, durch den die handwerkliche Arbeit zunehmend durch eine maschinelle Bearbeitung ersetzt wurde, begann eine vorkapitalistische Phase, in der sich die Insel den auswärtigen Märkten öffnete. Der Handel mit dem Kontinent und den Kolonien brachte einen merklichen Fortschritt mit sich und führte zum Entstehen neuer Aktivitäten.

Industriebetriebe wurden eingerichtet und Banken gegründet. 1856 öffnete in Cala Figuera, im Hafengebiet Maós, die „Industrial Mahonesa" ihre Tore, die sich der Herstellung von Baumwollstoffen und -garnen widmete und die erste unter den menorquinischen Textilindustrien war. Die Entwicklung dauerte bis 1898 an. In diesem Jahr begann mit dem Verlust der Kolonie Kuba eine lange Krise; für den Schuhsektor brachen schwierige Jahre an, und die Situation besserte sich bis zum Ersten Weltkrieg nicht. Dagegen gab es im Jahre 1911 3000 Beschäftigte in der Herstellung von Geldbörsen aus Silber. Dieser Industriezweig, dessen Anfänge auf den Beginn des 20. Jh. zurückgingen, war bis 1925 von großer Bedeutung und bildete den Grundstein für die bis heute bestehende menorquinische Modeschmuckindustrie.

Der extensive Anbau von Klee, der hier – abgeleitet vom englischen Wort clover – *enclova* heißt, trug dazu bei, dass sich die Viehzucht ab 1870 zum wichtigsten Zweig der Landwirtschaft entwickelte und sowohl die Fleisch- als auch die auf die Käseherstellung ausgerichtete Milchproduktion stark zunahmen.

Der Tourismus als Wirtschaftszweig erlangte auf Menorca ab Ende der Fünfziger, Anfang der Sechzigerjahre Bedeutung, obwohl seine Entwicklung einen wesentlich langsameren Verlauf nahm als etwa auf Mallorca oder Eivissa. Das lag daran, dass er lediglich als zusätzlicher Industriezweig zu den bereits existierenden betrachtet wurde. Aber auch so entwickelte sich die Branche so schnell, dass um 1975 die folgende Dreiteilung der Einnahmequellen als ideal für die Inselwirtschaft betrachtet wurde: ein Drittel Tourismus, ein Drittel Land- und Viehwirtschaft und ein Drittel Industrie (hauptsächlich Modeschmuck und Schuhe).

Dieses Gleichgewicht zerbrach infolge der gefährlichen Überhandnahme des ersten Sektors, des Eintritts Spaniens in die Europäische Gemeinschaft und der starken Konkurrenz der südostasiatischen Produkte auf dem Weltmarkt. Aber vor allem haben sich die Rohstoffe sehr verteuert, die importiert werden müssen, da sie auf der Insel nicht vorhanden sind.

Durch die Insellage entstehen aufgrund der Importe nicht vorhandener Rohmaterialien für die industrielle Fertigung hohe Mehrkosten, und das ist eine große Herausforderung, denn das neue Jahrtausend hat mit schwierigen wirtschaftlichen Bedingungen begonnen.

Schuhe und *„Avarques"*

Im Jahre 1782, als Spanien die Souveränität über Menorca zurückerlangte, wurde festgestellt, dass sich 281 Bewohner der Schuhfabrikation widmeten. Die Kundschaft bestand aus Angehörigen der Oberschicht und Offizieren, und bereits zu jener Zeit begann man mit dem Export. Seitdem hat die Branche Zeiten großen Aufschwungs und harter Rückschläge erlebt, wie etwa die Zeit des Verlusts der Kolonie Kuba und des dortigen Marktes. Was sie allerdings nie eingebüßt hat, ist ihr hohes, den meist aus Ciutadella oder Alaior stammenden Handwerkern zu verdankendes Prestige.

Sollen die Fabriken einerseits durch besonders modisches und avantgardistisches Design gerettet werden (die Konkurrenz der sogenannten „Billigmärkte" macht der Branche schwer zu schaffen), so überrascht andererseits die Tatsache, dass das einfachste und volkstümlichste Schuhwerk, die *avarques*, ungewöhnlich erfolgreich sind. Zwei Stück Rindsleder auf einer Sohle aus Autoreifen garantieren dem Träger eine Tausende Kilometer währende Haltbarkeit mit gut belüfteten Füßen. Die *avarques* sind so typisch für den menorkinischen Sommer geworden, dass sie sogar schon in Keramik erhältlich sind.

Steinerne Zeugen der Vorgeschichte

Der „Route“ dieser steinernen Überreste zu folgen ist für den interessierten Besucher ein besonderes Vergnügen. Man benötigt jedoch viel Zeit für die ausführliche Besichtigung derartig vieler Ausgrabungsstätten. Als einfachere Variante schlagen wir die „Südostroute“ auf Seite 138 vor. Die Empfehlungen am Schluss des Routenvorschlags „Die Umgebung von Ciutadella“ auf S. 137 können im Anschluss daran befolgt werden. Falls Ihnen dies nicht möglich ist, sollten Sie auf keinen Fall versäumen, andere, auf Ihrem Weg liegende *talaiots* bzw. *taules* zu besichtigen.

Naveta de Tudons, der beachtlichste Grabbau.
Das Bild oben auf dieser Seite zeigt das Dorf Talatí de Dalt

Grabhöhlen in Cales Coves

Die Experten datieren die ältesten Funde auf die Zeit um 2000 v. Chr. (Megalithgrabmäler, Hypogeen mit länglichem Grundriss, als Behausung genutzte *navetes*), die wichtigste Gruppe stammt allerdings aus der sogenannten Talaiot-Periode. Diese Periode, die sich von 1400 v. Chr. bis zur Ankunft der Römer erstreckte, zeichnete sich durch vielfältige externe Einflüsse und eine Umorientierung hinsichtlich der Bauweisen aus. An vielen Fundorten sind verschiedene Entwicklungsstufen zu beobachten, die in einer letzten, punisch beeinflussten Phase enden, die mit der Gründung von Magón (Maó) und Jamma (Ciutadella) zusammenfiel. Die spätere Präsenz der Römer bedeutete allerdings nicht das Ende der primitiven Siedlungen, die vielmehr noch für lange Zeit von der Landbevölkerung bewohnt wurden.

Die archäologischen Reste aus der langen Talaiot-Periode sind recht einfach zu identifizieren und lassen sich in folgende Gruppen einteilen: Grabhöhlen und *navetes*, *talaiots*, ummauerte Anlagen und *taules*.

Andere Denkmäler, die die Zeit bis in unsere Tage überdauert haben, sind die frühchristlichen Basiliken aus der nordafrikanisch beeinflussten und der darauf folgenden byzantinischen Epoche (Wandalenreich von Karthago bzw. Oströmisches Reich). Aus der ersten dieser Epochen (5. Jh.) stammt die Basilika **Son Bou** mit ihrer meisterhaften Linienführung und ihrem kreuzförmigen Taufbecken. Im 6. Jh. wurde die Kirche von **Es Fornàs** errichtet, mit ihrem halbrunden Taufbecken und herrlichen Bodenmosaiken, in denen eine Pfauen- und eine Löwenfigur besonders ins Auge fallen. Ebenso wurde in diesem Jahrhundert die Kirche von **Illa del Rei** erbaut, in der es ähnliche Mosaiken mit Abbildungen von Meerestieren gab, die in das Museum von Menorca gebracht wurden. Schließlich sollten auch die Basiliken auf dem **Cap des Port de Fornells** mit ihrem sternförmigen Taufbecken und auf der **Illa d'en Colom**, die zur Zeit ausgegraben und erforscht wird, erwähnt werden.

Grabhöhlen

Die interessantesten Anlagen finden sich in **Cales Coves**, einer an der Südküste, nur wenige Kilometer von Sant Climent entfernt gelegenen Enklave, in deren hohen, steilen Felswänden sich etwa einhundert Aushöhlungen befinden, die sehr beeindruckend wirken. Darüber hinaus sind diese Höhlen in **Caparrot de Forma** (bei Es Canutells), in **Son Bou** (wo sich über der Wand eine riesenhafte Mauer befindet) und an der Nordküste in **Cala Morell** bei Ciutadella zu finden.

Talaiot de Torelló, in der Nähe des Flughafens

Alle diese Nekropolis stammen aus dem 9. und 8. Jh. v. Chr., obwohl sie anscheinend bis weit in die Zeit der römischen Kolonisierung hinein Verwendung fanden.

Navetes

Die *navetes* (Schiffchen) verdanken ihren Namen ihrer Form, die an umgekehrte Schiffsrümpfe erinnert. Die ältesten, bereits in vortalaiotischer Zeit entstandenen, haben einen ovalen oder runden Grundriss. Später dann nahmen sie immer länglichere Formen an, wie man an der berühmtesten – **Es Tudons** – erkennen kann, die um 1400 v. Chr. entstand. Die als Grabmäler dienenden Konstruktionen bestehen aus einer einzigen oder zwei übereinander angeordneten Kammern, und als Eingang diente eine winzige Tür, hinter der sich zunächst ein Vorraum oder ein Flur befand. Andere Beispiele für diese vermutlich ältesten noch erhaltenen Grabbauten in ganz Europa sind in **Biniac**, **Llumena**, **Binimaimut**, **Rafal Rubí** und **Son Morell** zu finden.

Talaiots

Von den meisten, auf kleinen Erdhügeln errichteten *talaiots* aus lassen sich in der Ferne weitere erkennen. Das gab Anlass zur Annahme, dass sie als Wachtürme – *talaies* – dienten, was auch die Herkunft ihres volkstümlichen Namens erklärt. In ihrer kegelstumpfförmigen Konstruktion verbirgt sich jedoch eine kleine Kammer, die, wie auch die menschlichen Überreste, die in einigen von ihnen entdeckt wurden, auf eine mögliche Grabmalsfunktion hinweist. Das massive Aussehen entsteht durch die großen Blöcke, die in Kreisformationen aufgereiht sind, die zur Spitze hin immer enger werden. Darunter formen kleinere Steine die scheinbare Kuppel. Die interessantesten Beispiele sind der aus trapezförmigen, flachen Steinen bestehende *talaiot* von **Talatí**; der von **Trepucó**, der größte von allen; die von **Torelló** und **Cúrnia** (alle bisher genannten befinden sich in der Nähe von Maó) und der von **Torre Llafuda** (bei Ciutadella).

Taules von Talatí de Dalt und Torre Trencada (Silhouette)

Taules

Die *taules* stellen die außergewöhnlichsten Zeugnisse der talaiotischen Kultur dar. Sie bestehen aus je zwei großen behauenen Sandsteinblöcken, und ihr Name (*taula* ist das katalanische Wort für „Tisch") erklärt sich durch die seltsame Anordnung in T-Form. Ein weiteres auffallendes Merkmal ist ihre Größe; die zwei Meter tief in den Boden eingelassene taula von **Torralba d'en Salord** wird auf etwa 25 Tonnen Gewicht geschätzt.

Die *taules* stehen in der Mitte hufeisenförmiger Anlagen, in denen sich Nischen befinden, die der Darbringung von Opfern an die Götter dienten. Die Anordnung dieser Anlagen in den Siedlungen weisen darauf hin, dass es sich um heilige Orte handelte. Die *taules* selbst werden mitunter als stilisierte Bilder des stierköpfigen Fruchtbarkeitsgottes ausgelegt. Die bekanntesten davon befinden sich in **Trepucó**, **Torre Trencada** und **Talatí de Dalt** (beide mit Stützpfeiler), **Torre Llafuda**, **Torre Llisá Vell** (in einer sehr geschlossenen Anlage), **Torre d'en Gaumés** und **Binimaimut**.

Ländliche Architektur

Die ländliche Architektur ist auf Menorca so stark in die Landschaft integriert, dass sie über ihren reinen Nutzwert hinaus zu einem die Landschaft gestaltenden Element wird. Sie ist wirklich einzigartig und weist bemerkenswerte Unterschiede zur Architektur auf, die auf Mallorca, Eivissa oder in anderen Gegenden des Mittelmeerraums anzutreffen ist.

Unter den vielen Bildern, die dem Besucher im Gedächtnis bleiben, fehlen sicher nie die weißgetünchten Bauernhäuser, die über das Land verstreut oder in kleinen Gruppen in der Nähe der Ortschaften liegen. Vor einem halben Jahrhundert begründete der katalanische Schriftsteller Josep Pla dieses Klischee, als er sagte, dass „die Menorquiner ihre Häuser gern frenetisch tünchen". Es handelt sich dabei um eine Arbeit, die in der Regel den Frauen überlassen ist und die der Sauberkeit und dem Schutz der Wände dient. Würden sie nämlich nicht getüncht, dann würden Sonne, Licht und Wind den Sandstein, aus dem sie gebaut sind, allmählich zerfressen. Dieser Stein – der *marès* – war neben dem Holz des Oleasters traditionell das einzige Baumaterial, das zur Verfügung stand. Er ist einfach zurechtzuhauen und konnte in unmittelbarer Nähe des zukünftigen Hauses oder in einem der nahegelegenen Steinbrüche abgebaut werden. Noch heute sind einige dieser Steinbrüche in Betrieb, und ihr Besuch ist ausgesprochen interessant.

Architektonische Formen, die vor klimatischen Einflüssen schützen, ergänzen diese Baumaterialien, die unvermeidlich benutzt werden müssen. Die Fassaden weisen nach Süden, während die Nordwände wegen des kalten Tramuntana-Windes so wenig Fenster und Öffnungen wie möglich haben. Nur im Winter fallen die Sonnenstrahlen bis unter die Verandadächer, und der wertvolle Regen wird mithilfe merkwürdig anmutender Sammelsysteme aufgefangen, die das Wasser von den im arabischen Stil gedeckten Dächern in Zisternen leiten. All dies macht das menorquinische Landhaus zu einem klaren Beispiel für eine an ihre Umgebung angepasste Architektur. Der Bauer ist weiterhin Herr über sein Haus, auch wenn er dies manchmal mit der Familie des Hauseigentümers teilt, dessen Präsenz sich nur an neuen Zimmern erkennen lässt, die nicht mehr funktionell zu sein scheinen, an Freitreppen und manchmal sogar einer neoklassizistischen Fassade.

Ein weiteres Merkmal der menorquinischen Landschaft sind die unendlichen Steinmauern, die ein riesiges Rechteckmuster bilden, das den überrascht, der es aus der Luft betrachtet. Die *llocs*, wie die landwirtschaftlichen Nutzflächen traditionell heißen, werden durch diese Mauern in *tanques* unterteilt, geschlossene Flurstücke, die eine sinnvolle Wechselwirtschaft ermöglichen. Zudem dienen sie dem Landwirt dazu, hier Felsbrocken und Steine abzulegen, die er aus dem nicht sehr reichlich vorhandenen Erdboden holt, um diesen so vor der Erosion zu schützen. Regelrechte Kunsthandwerker, die *paredadors*, errichten die Mauern immer noch nach einer althergebrachten Technik, bei der eine doppelte Wand mit kleinen Steinen angefüllt wird. Um sie passierbar zu machen, werden von Zeit zu Zeit zu beiden Seiten ein paar Steine – die sogenannten *botadors* – als Stufen niedergelegt. Schließlich wird das Werk mit den einfachen, aber widerstandsfähigen *barreres* aus Holz fertiggestellt, die die Zugänge markieren... und das Verschließen sollte nicht vergessen werden, damit das Vieh keine Ausflüge macht.

SAN ADEODATO

BINISEFUC DE CARDONA

Steinbrüche

Menorca – Steine, eine unvermeidliche Assoziation von Ideen. Der Stein im natürlichen oder behauenen Zustand verbindet und schafft die Landschaft überall auf der Insel. Als man damit begann, den groben Stein für ein Konstruktionssystem zu benutzen, dessen Grundlage die Marès-Quadersteine sind, wurden diese auf dem gleichen Stück Land abgebaut, auf dem das Haus errichtet wurde. Dann wurde die Nachfrage so groß, dass Steinbrücke entstanden, aus denen Tausende von Tonnen Material kamen, behauen in regelmäßigen Formen je nach Verwendungszweck.

Die Zeiten haben sich geändert und aufgrund der Verwendung anderer Baustoffe wurden die meisten Steinbrüche geschlossen. Aber muss man die Steinbrüche nach dem Schließen einfach nur als Narben in der Landschaft betrachten? Sie sind ein Denkmal für die Anstrengungen des Menschen, der seine Umwelt zum Überleben nutzt, und eines Berufes, den es bald nicht mehr geben wird. Sie sind auch ein Ort, der Besucher anzieht und ein wundervoller Schauplatz für Konzerte und Liedervorträge, wie Lithica bewiesen hat, ein Verband zum Schutz dieser Steinbrüche. Deshalb müssen sie erhalten bleiben.

Die Feste

Überschwengliche Fröhlichkeit, Trubel, Hingabe und Begeisterung, die auch den Missmutigsten anstecken... die menorquinischen Feste muss man erlebt haben, um es zu glauben. Überschäumende Energie, und Pferde, die beeindruckenden Pferde Menorcas, als einzige Hauptdarsteller. Während des ganzen Sommers finden sie nacheinander in den verschiedenen Ortschaften der Insel statt, bis Maó am 7. und 8. September den Reigen beschließt.

Das größte Fest, das den Ton angibt und die Saison eröffnet, ist jedoch das zu Sankt Johannes (Sant Joan) stattfindende Fest in Ciutadella. Es beginnt am Sonntag vor dem 24. Juni – dem *diumenge d'es Be* –, an dem ein besonders schönes Lamm durch die Straßen der Stadt geführt wird, und hat seinen Höhepunkt am Vorabend Sant Joans sowie am eigentlichen Feiertag. Das Fest wird nach strikten, aus dem Mittelalter überlieferten Regeln abgehalten, deren Einhaltung von der sogenannten *Junta de Caixers* überwacht wird. Darin sind die verschiedenen historischen Stände – die Bauernschaft, der Adel und der Klerus – vertreten. Diese Bruderschaften, die für die Wallfahrtskapelle Sant Joan verantwortlich waren, bilden einen Zug, angeführt vom *fabioler*, der vom Rücken eines Esels aus mit dem Klang seiner Rohrpfeife den Rhythmus angibt. Sobald der Reiterzug in Es Born eintrifft, wird der Rhythmus zum Galopp. *Caragols, corregudes*... eine regelrechte, auf Gebrüll und Ausgelassenheit ausgerichtete Zeremonie. Man muss laufen, Gin trinken, sich dem Pferd nähern, wenn sich das Tier zur typischen Musik des *jaleo* aufbäumt.

Die Kleidung, das Banner mit dem Malteserkreuz und die Gangarten – *ensortilla-des, ses carotes, correr abraçats*... –, die die Reiter aus Es Pla vorführen, weisen auf den altertümlichen Ursprung des Festes hin, das für das Volk aber trotzdem gegenwärtig ist. Einmal muss man sich jeden Sommer an der vorüberziehenden Flamme verbrennen.

↑
Alter Stich, der die beiden Symbole der Feste von Sant Joan zeigt

→
Auftritt einer Folkloregruppe mit alten ländlichen Trachten

→→
Aufnahmen von *Caixers* und Pferden in den Straßen von Ciutadella

Von Osten nach Westen

Die Stadt Maó entstand und festigte sich aufgrund des wundervollen Hafens, den sie von ihrem steinernen Thron aus beherrscht

Maó

Allmählich zeigen sich die Fassaden der ältesten Teile von Maó wieder in dem hellen Siena, das sie einst hatten. Vor Jahren ordnete ein Bürgermeister an, dass sie weiß sein sollten, ein falsch verstandener Typismus. Jeden Tag werden neue Häuser restauriert und die Türklopfer werden auf Hochglanz poliert. Hinter den Fallfenstern im englischen Stil hängen Häkelvorhänge. Hat man die Gelegenheit, einen Spaziergang zu machen, bevor die ersten Autos unterwegs sind und die Sonne noch kaum die Winkel erhellt, so meint man, die besten Tage der Stadt seien wiedergekehrt: jene Tage des 18. Jh., als der Wohlstand seinen Einzug hielt und Maó von einer liberalen und aufgeklärten Bevölkerung bewohnt wurde.

Von den Aussichtsplätzen der alten, an der Steilküste gelegenen Stadt lässt sich der Hafen übersehen. Besonders die Herrenhäuser der Straße **Carrer Isabel II**, unter denen sich auch das der Militärverwaltung befindet, kommen in den Genuss des Panoramas. Der Wert dieser Villen, die normalerweise über große Säle verfügen, wurde an der Breite ihrer Fassaden gemessen, die ein bestimmtes Standardmaß für Balken, den etwa 5 Metern entsprechenden *trast*, übertraf. An einem Ende der Straße befindet sich das **Kloster Sant Francesc** (1719), das älteste Maós. In seinem barocken Kreuzgang ist die archäologische Sammlung des Heimatmuseums **„Museu de Menorca"** ausgestellt. Innnerhalb dieses an sich schon sehr schönen Rahmen werden Stücke ausgestellt, die das soziale und kulturelle Geschehen auf der Insel seit der Vorgeschichte bis heute zeigen. Am anderen Ende der Straße liegt der Platz Pla de sa Parroquia oder de Santa Maria. Hier befindet sich die gleichnamige Kirche, das **Rathaus** mit seiner klassizistischen Fassade, wo sich die vom Gouverneur Kane gestiftete Uhr befindet, sowie ein als **„Principal de Guàrdia"** bezeichnetes Gebäude, das – dem englischen Geschmack entsprechend – rot angestrichen ist. Im Rathaus befindet sich eine Sammlung historischer Bildnisse, unter denen das des Grafen Lannion von Giuseppe Chiesa und das des Grafen Cifuentes, ein Werk Pascual Calbós, besonders erwähnt werden sollten.

Die **Kirche Santa Maria** beherbergt einen der großen Schätze dieser Stadt, die monumentale Orgel mit 3210 Pfeifen und vier Klaviaturen, die von den deutschen Orgelbaumeistern Otter und Kirburz entworfen wurde. Die Schönheit ihrer Register bezaubert alle, die hier den Konzerten weltweit anerkannter Interpreten lauschen, für die es ein Privileg ist, auf dieser Orgel spielen zu dürfen. Hinter der von Alfons III. in Auftrag gegebenen Kirche beherrscht ein Standbild eben dieses Königs den Platz de la Conquesta. Hier befindet sich auch der Palast Can Mercadal, der die Stadtbibliothek beherbergt, und wenn man um eine seiner Ecken herumläuft, gelangt man zu einem Aussichtspunkt, von dem aus man den Küstenabschnitt der **Costa de Ses Voltes** überblickt. Diese parkartige Promenade mit ihren zum Hafen hinabführenden Treppen ist das erste Eindruck der Stadt für den, der mit dem Schiff hier ankommt. Zu ihren Füßen befindet sich **Baixamar**, ein Stadtviertel, das heute von Restaurants und Edelkneipen beherrscht wird, in denen sich das Nachtleben konzentriert.

Die rege Handelstätigkeit, die den Hafen einst charakterisierte, lässt sich immer noch an den Lagerhäusern der Mole erkennen, die teilweise von riesigen, aus alten Schiffen ausgeschlachteten Balken getragen werden. Außer zur Lagerung der gelöschten oder herausgehenden Waren dienten sie als Werkstätte der *mestres d'aixa*, die dort solide Boote konstruierten. Ihren Ruhm haben sie inzwischen aber an die klassischen *llauts* abgetreten, die immer noch als Auftragsarbeiten gebaut werden. Diese Boote werden heutzutage nicht mehr ausschließlich für den Fischfang genutzt, sie sind auch zum bevorzugten Verkehrsmittel für alle geworden, für die die Umrundung der Insel in den Ferien im August unbedingt dazugehört. Überhaupt wandelt sich der Anblick des Hafens mit den Freizeitgebräuchen. Kaum einer erinnert sich noch an den Anblick der großen Frachtschiffe, deren Getreidefracht in den Mühlen der Insel gemahlen wurde, bevor sie zum Festland weiterfuhren. (Dieser Brauch und die davon abhängige Industrie wurden per Dekret zugunsten Kastiliens eingestellt.) Oder an die Schiffe der Kriegsmarine unter verschiedenen Flaggen. Jetzt sind es moderne Jachten, die gegenüber dem **„Club Marítim"** anlegen, und neue Liegeplätze und Überwinterungseinrichtungen sind geplant. Die Promenade selbst, deren oberer Teil die Hafenfassade verändert hat, dient hier keinem anderen Zweck als dem, ein Schaufenster für die Landschaft zu sein, allerdings eine ganz bezaubernde Landschaft.

Kehren wir aber dorthin zurück, wo unser Ausflug zum Hafen seinen Anfang genommen hat: dem oberen Teil der **Costa de Ses Voltes**. Hier befinden sich – in einem eigenen, sehr funktionell gestalteten Gebäude – der **Fischmarkt** und ein wenig weiter der Lebensmittelmarkt, dessen Fleisch-, Obst- und Gemüsestände die unteren Zellen und den Kreuzgang des an die Kirche **Església del Carme** angrenzenden Klosters einnehmen. Diesen Kontrast zwischen „Verpackung und Inhalt" sollte man sich wirklich nicht entgehen lassen, kann man doch den Besuch mit einem Spaziergang zum dahinterliegenden Mirandaplatz verbinden, der einen weiteren exzellenten Aussichtspunkt darstellt. Von diesem Platz aus gelangt man zum Platz del Príncep und zurück zur Fußgängerzone, die von den Straßen **S'Arravaleta**, **Carrer Nou**, **Costa de Hannover** und **Costa Deià** sowie, in ihrer Mitte, von der **Placeta Colom** gebildet wird. Dieser Bereich ist das Herzstück der Handelsaktivitäten; am hiesigen Betrieb lässt sich ablesen, ob die Tourismussaison gut ist, welche Aussichten sie bietet und wie der Bürger auf bestimmte politische Entscheidungen reagiert.

Am höchsten Punkt der Costa Deiá befindet sich das **„Teatre Principal"**, das 1828 als Opernhaus eröffnet wurde und damit sogar älter ist als das berühmte Gran Teatre del Liceu in Barcelona. Ganz in der Nähe, an der Ecke Straße Bastió/ Costa Hannover, befindet sich der sehenswerte modernistische *boinder* des Casa

Der Käse von Maó

Menorcas Käse wird als Käse aus Maó bezeichnet, obwohl er auf der ganzen Insel hergestellt wird. Das ist darauf zurückzuführen, dass er von jeher über den Hafen der Hauptstadt vermarktet wurde. So steht es in der Urkunde zur geschützten Ursprungsbezeichnung von 1985. Seit den Sechzigerjahren wird die Jahresproduktion in Millionen Kilos gezählt. Und von seiner Qualität wird bereits in mittelalterlichen Schriften berichtet, in denen erwähnt wird, dass die katalanischen Monarchen nicht auf ihn verzichten mochten.

Es handelt sich um einen Halbfettkäse aus gepresstem Teig, der – wenn auch bis zu 5% Schafsmilch zugelassen sind – grundsätzlich aus Vollmilch von der Kuh und ohne Konservierungsmittel hergestellt wird. Die quadratischen Käseblöcke mit ihren abgerundeten Kanten weisen ein typisches Muster auf, wenn sie der Tradition entsprechend geformt werden. Es stammt von dem Tuch, in das die geronnene Milch eingeschlagen und eingebunden wird. Ist das Bündel geschnürt und die Molke von Hand ausgepresst, dann wird es einen Tag lang mit Gewichten beschwert aufgehängt. Danach kommt der Käse einige Tage lang in Salzwasser und anschließend in die Trockenregale. Je nach Reifegrad erhält man unterschiedlich würzigen Käse (unreif, halbreif, reif oder gealtert), der jedoch immer hervorragend schmeckt und auch von anspruchsvollsten Feinschmeckern geschätzt wird.

Blick auf Maó vom Flottenstützpunkt und modernistische Fassade des Hauses Casa Mir

Montcada, eine Art verglaste Tribüne im englischen Stil. Dieses architektonische Element, das den aufgrund des Klimas weniger geeigneten Balkon ersetzt, war in der Vergangenheit oft zu finden. Der Name entstand durch die Verfälschung des englischen Begriffs *bow window.* Etwas weiter, auf dem Platz Bastió, gelangen wir wieder in den mittelalterlichen Teil der Stadt, genauer gesagt zum **Arc de Sant Roc**, einem Überrest der Stadtmauern, von denen der Ort einst umgeben war. An diesem Tor beginnt die Carrer de S'Arraval, die die Grenze zwischen der befestigten Stadt und ihren Vororten bildete.

Eine weitere wichtige Straße im Zentrum ist die Straße del Doktor Orfila oder **Carrer de ses Moreres**, von der zur einen Seite die Straße Cifuentes und zur anderen der Cós de Gràcia abgehen. Über die Verlängerung von Es Cós gelangt man zum Friedhof und zur Wallfahrtskapelle der **Verge de Gràcia**, der Schutzheiligen der Stadt, und über die Straße Ramon i Cajal, an deren Ecke sich der ehemalige orthodoxe Kirchenbau Sant Nicolau befindet, zum **Es Freginal**. Bei der Umgestaltung dieser Grünzone blieben Elemente erhalten, die zeigen, dass es sich einst um städtische Obst- und Gemüsegärten handelte. In der Straße Conde de Cifuentes befindet sich das Kulturzentrum **„Ateneu Científic i Literari"**, das eine wichtige Algen- und Fossiliensammlung beherbergt und als treibende Kraft hinter vielen kulturellen Ereignissen steht. Dahinter liegt **S'Esplanada**, nach wie vor der zentrale Platz des modernen Maó. Durch den Bau einer Tiefgarage hat sich die Struktur des von den Kasernen, die die Briten einst errichteten, umgebenen ehemaligen Exerzierplatzes einmal mehr geändert. Trotzdem lädt S'Esplanada aber wie ehedem dazu ein, sich zu entspannen; hier geht man spazieren und verabredet sich, und zweimal wöchentlich findet ein Antiquitäten- und Kunsthandwerkermarkt statt. Von diesem Platz gehen die Landstraßen Sant Lluís nach Ciutadella und nach Sant Climent ab, so dass er auch der Ort ist, an dem man in der Stadt ankommt.

Das beste Beispiel dafür, dass die Stadt noch im Wachsen begriffen ist, ist das neue Viertel in Malbúger, wo sich Einfamilienhäusern mit großen Gebäuden wie dem Sitz des Inselrates und dem neuen allgemeinen Krankenhaus abwechseln.

Es Castell

Nachdem die Festung Sant Felip und ihre Vorstadt verschwunden waren, beschlossen die Engländer im Jahre 1877 die Gründung dieser Siedlung unter dem Namen Georgetown. Nach dem Ende ihrer Herrschaft wurde der Ort von den Spaniern zu Ehren des regierenden Königs, Karl III., in Villacarlos umgetauft. So hieß er dann auch, bis vor kurzem der volkstümliche, an die ehemalige Festung erinnernde Name **Es Castell** offiziellen Charakter erhielt. Die Verlagerung brachte für den Ort zwar urbanistische Vorteile mit sich, den Charakter einer Militärenklave verlor er allerdings nicht, wie sich an den Kasernen erkennen lässt, die am **S'Esplanada** stehen, dem zentralen Platz, an dem sich auch das Rathaus mit seiner Kolonialstilfassade befindet. Die klassizistische Kirche del Roser beherbergt ein steinernes Altarbild, das älter ist als der Kirchenbau selbst. Von den **Cales Fonts**, wo die Lagerhäuser der Fischer in Kneipen und Restaurants umgewandelt wurden, laufen im Sommer die Boote aus, die die Bucht von Maó entlangfahren und die Verbindung mit dem *Llatzeret* herstellen. Diese befestigte Anlage, die zu dem Zweck erbaut wurde, als Quarantänestation für ansteckend Erkrankte zu dienen, ist heute Kongresszentrum und Ferienstätte der Beamtenwohlfahrt. Die Insel, auf der sie sich befindet, war bis zur Eröffnung des Alfons XIII- oder Sant Jordi-Kanals im Jahre 1900 eine Halbinsel. In einem ihrer Gebäude befindet sich ein kleines Museum für medizinische Instrumente und andere Merkwürdigkeiten aus der Zeit der Gründung.

↖ Die Molen Cales Fonts in Es Castell sind ein beliebter Treffpunkt für Nachtschwärmer

↑ In der alten Getreidemühle von Sant Lluís werden Werkzeuge ausgestellt, die man in der Vergangenheit für die Feldarbeit benutzte

Sant Lluís

Sant Lluís wurde gegen Ende des 18. Jh. während der französischen Besatzung gegründet. Graf Lannion befahl die Anlage der Straßen und den Bau einiger Gebäude, die den Bewohnern der umliegenden Höfe als Behausungen dienen sollten. Diese Höfe haben übrigens merkwürdigerweise ihr Aussehen bewahrt, sind jedoch durch den Verlust ihrer landwirtschaftlichen Funktion mehr und mehr zu

↑ Die Kirche Santa Eulàlia beherrscht die Altstadt von Alaior

↗ Der Hafen von Fornells ist die „Welthauptstadt" der *Caldereta de llagosta*

reinen Wohngebäuden, Sommerhäusern, Restaurants usw. geworden. Innerhalb des Ortes fallen einige noch erhaltene Mühlen, das „Haus des Gouverneurs" und die Pfarrkirche auf, deren Fassade eine Widmung zu Ehren des Schutzheiligen – des „Königs der Franzosen" – trägt. In einer der getreu restaurierten Mühlen befindet sich ein sehenswertes ethnologisches Museum.

Am Küstenabschnitt, der zur Gemeinde gehört, lässt eine Reihe von Stränden und Feriensiedlungen auf die zunehmende Bedeutung des touristischen Sektors schließen. **S'Algar**, **Alcalfar**, **Punta Prima**, **Binisafúller**, **Binibèquer**... alles Namen, die nach weißgetünchten Häuschen und sauberem Wasser klingen. Der Besucher sollte aber auch die Route entlang der sehenswerten umliegenden Weiler Torret, S'Uestrar... nicht vergessen, die sich bis zum nahegelegenen, zur Gemeinde Maó gehörenden Ort **Llucmassanes** verlängern ließe.

Alaior

Im Jahre 1304 befahl König Jakob II. von Mallorca die Schätzung eines Landguts namens Ihalor, um auf den Ländereien das heutige **Alaior** zu gründen. Der Ort könnte wegen seiner historischen Rolle als Vermittler zwischen Ciutadella und Maó und wegen seines auf der Ausgeglichenheit seiner Wirtschaft beruhenden, unabhängigen Charakters als dritte „Hauptstadt" der Insel bezeichnet werden. Die Bewohner des Ortes widmen sich gleichermaßen der Landwirtschaft, dem Tourismus und der Industrie. Einen besonderen Stellenwert besitzen die Schuhfabriken und die (aufgrund ihres Geruchs leicht ausfindig zu machenden) Käsereien. **Son Bou**, **Sant Jaume** und **Cala En Porter** sind die wichtigsten Tourismuszentren des Bezirks.

Besonders sehenswerte Gebäude sind das Haus **Casa Salord** und das jetzige Rathaus sowie die Kirchen **Santa Eulàlia** – gegen Ende des 17. Jh. im Barockstil auf dem Fundament ihrer durch ein Erdbeben zerstörten Vorgängerin wieder errichtet – und **Sant Diego**. Letztere besitzt ein im Platereskenstil gehaltenes Portal und einen merkwürdigen Kreuzgang, der von der Stadt für soziale und kulturelle Zwecke benutzt und im Volksmund als **v** bezeichnet wird. Auch die *casetes*

Das von Hügeln umgebene Es Mercadal liegt im geographischen Zentrum der Insel

d'esbarjo (Wochenendhäuschen), die sich um den Ort herum befinden, überraschen mit der Vielfalt ihrer Stile und ihren exotischen Namen, die in der Regel an die Überseeabenteuer der Generation ihrer Erbauer erinnern.

Es Mercadal und Fornells

Im geographischen Zentrum der Insel liegt am Fuß des **El Toro** die Ortschaft **Es Mercadal**, deren Name auf das Privileg zurückgeht, jeden Donnerstag einen Markt abzuhalten, das König Jakob II. dem ersten von katalanischen Siedlern gegründeten Ort verlieh. Diese Tradition wird heutzutage mit einem Kunsthandwerkermarkt fortgeführt, der inzwischen außer am Donnerstag auch am Dienstag- und am Samstagnachmittag abgehalten wird. Die Mehrheit der Ortsbevölkerung geht nach wie voreiner landwirtschaftlichen Tätigkeit auf einer der zahlreichen Ländereien nach, die Es Mercadal umgeben. Im benachbarten **Fornells**, das verwaltungstechnisch immer noch einen Ortsteil darstellt, sowie in den anderen umliegenden Ortschaften ist indes der touristische Aufschwung voll im Gang. In diesem Bezirk befindet sich auch **Son Parc**, der momentan einzige Golfplatz auf Menorca.

Die dem Heiligen **Sant Martí** geweihte Pfarrkirche steht in Es Mercadal. Sie wurde im Renaissancestil erbaut und 1807 renoviert. Sehenswert ist auch die interessante **Zisterne d'en Kane**, die Pere Carreras im Jahre 1735 errichtete. In einem ganz anderen Zusammenhang möchten wir nicht unerwähnt lassen, dass – während der Besuch **Fornells** schon seit langer Zeit Pflicht für alle Langustenfreunde ist – sich in letzter Zeit auch in **Es Mercadal** viele „Gourmets" ein Stelldichein geben. Im Zuge der Aktualisierung des gastronomischen Angebots sind die erfolgreichsten Restaurants jetzt jene, die die typischen Gerichte und Produkte mit einem Hauch von Modernität servieren. Man muss auch daran erinnern, dass sich hier das Kunsthandwerkszentrum (Centro Artesanal) von Menorca befindet.

Als krönenden Abschluss dieses Ausflugs bietet es sich an, in diesem Dorfdie typischen Süßwaren oder das traditionelle Schuhwerk der Landbewohner, die avarques, zu kaufen.

Ferreries

Ferreries stellt ein Musterbeispiel für den wirtschaftlichen Wandel dar, den die Insel seit Beginn der Tourismuswelle in den sechziger Jahren durchgemacht hat. Schuh-, Modeschmuck- und Möbelfabriken beschäftigen eine Bevölkerung, die zuvor fast ausschließlich von der Agrarwirtschaft lebte. Darüber hinaus hat die Ackerwirtschaft Bedeutung zugunsten der Vieh- und Milchwirtschaft eingebüßt. Vervollständigt wird die gegenwärtige örtliche Wirtschaftsstruktur durch Bau, Handel und Tourismus.

Der Ort verdankt seinen Namen – so meinen einige – der Existenz eines nahegelegenen Mercedarier-Klosters (kat. *fraria*), während andere behaupten, ein Schmied (kat. *ferrer*) sei der erste Siedler gewesen. Fest steht jedenfalls, dass die Ortsgründung auf König Jakob II. von Mallorca zurückgeht, der den Bau der Kirche **Sant Bertomeu** anordnete. Der alte Ortskern wird natürlich von der genannten Kirche aus dem 14. Jh. beherrscht, Mittelpunkt der Aktivitäten ist jedoch der neugestaltete Platz d'España, auf dem jeden Samstag ein Markt mit Kunsthandwerk und regionalen Produkten abgehalten wird. Sehenswert sind in diesem Bezirk der **Barranc d'Algendar**, die Bucht **Cala Galdana** und der Berg **Santa Àgueda** (264 m), auf dem sich die Ruine einer Maurenfestung aus dem 13. Jh. befindet.

Es Migjorn

Es Migjorn ist seit 1989 unabhängige Gemeinde (vorher gehörte sie zu Es Mercadal), ihr Ursprung liegt allerdings schon zwei Jahrhunderte zurück und fällt in die Zeit der zweiten britischen Besatzung. Mit einer kleinen, dem Heiligen **Sant Cristòfol** geweihten Kirche und den um sie herum erbauten Häusern begann für die Bauern der Gegend, die ihre Erzeugnisse bis dahin zur Pfarrgemeinde Ferreries gebracht hatten, eine gewisse Unabhängigkeit. Im Ort existiert ein kleines Museum, das dem anerkannten Volkskundler Doktor Camps gewidmet ist, der seine Werke unter dem Pseudonym **Francesc d'Albranca** veröffentlichte.

↖ Die ältesten Häuser von Ferreries widerstehen im Schutz der Kirche den Veränderungen, die durch das städtische Wachstum stattfinden

↑ Eine Straße in Es Migjorn, die in Farbe zeigt, wie man in Menorca dazu neigt, sich zwischen der Erde und dem Himmel zu fühlen

Ciutadella

Ciutadella... ist **Ciutadella**. So oft man den Ort auch mit anderen vergleicht, die eine ähnliche Entwicklung durchgemacht haben, immer wieder kommt man auf dieses „etwas" zurück, das ihn verschieden macht. Die Bewohner sind sich des „Andersseins" bewusst und sind stolz darauf, als wollten sie auf ewig rächen, dass ihnen einst das Privileg, Hauptstadt zu sein, aberkannt wurde. Doch obwohl die Stadt in den letzten Jahren stark gewachsen ist, hat sie ihren Zauber bewahrt, der den Besucher verführt, insbesondere in der Altstadt.

Von der alten Stadtmauer sind lediglich zwei Bastionen erhalten, und zwar **Es Born**, auf der sich das **Rathaus** befindet, und dort, wo ein nicht mehr existierender Bach in die Bucht mündete, **Sa Font**. Allerdings ist der ehemalige Verlauf der Mauer noch einfach nachzuvollziehen, da sie durch drei aufeinanderfolgende Promenaden (Passeig de la Constitució, Passeig de Jaume I und Passeig del Capitá Negrete) ersetzt wurde, die in ihrer Gesamtheit als **„Sa Contramurada"** bekannt sind. Der Bogen, den sie entlang der alten Stadtgrenzen bilden, ist dort, wo sich einst das Tor **Porta de Maó** befand, zum Platz Alfons III hin offen; die Straße, die in die Landstraße mündet, heißt auch heute noch **Camí de Maó** (Weg nach Maó) und ist auf der Höhe des Platzes reine Fußgängerzone. An einer der Ecken steht die erst kürzlich restaurierte Mühle **Des Comte**.

Auf der erwähnten Straße gelangt man zum **Plaça Nova**, auf dem sich, wie auch auf dem vorherigen, Stühle und Tische der nahen Gaststätten befinden. Dann erreicht man eine der typischsten Straßen des Ortes, Josep Maria Quadrado oder **Ses Voltes**. Ihre enge Fahrbahn wird zu beiden Seiten durch die Kolonnaden, auf die sich die flankierenden Gebäude stützen, verbreitert. Die Harmonie der Bogenfolge wird nur durch die leichte Verbreiterung des Sa Plaça Vella unterbrochen, über dem eines der Ortssymbole residiert: Hoch oben auf einer nüchternen Säule repräsentiert ein vom örtlichen Bildhauer Matíes Quetglas geschaffenes kleines Lamm das von allen geliebte *„Be de Sant Joan"*. Die Straße hat ihren Charme und das mittelalterliche Flair, das einen bei jedem Schritt umgibt, nicht eingebüßt, selbst wenn die

Im Sommer ist der belebteste Teil von Ciutadella der Hafen, sowohls tagsüber als auch nachts

Der Pla de Sant Joan am Ende Hafens ist der Mittelpunkt der Stadtfeste.
Über diesen Linien ein anderer typischer Anblick von Ciutadella, das Rathaus von den Molen aus gesehen

unteren Etagen heute Boutiquen, Süßwarengeschäfte und andere Läden beherbergen. Am Ende der Straße liegt der Plaça de la Catedral.

Die **Kathedrale** ist kaum höher als einige andere Gebäude der Stadt, der offene Platz lässt sie jedoch sehr groß wirken. Sie entstand im 14. Jh. nach den Regeln der katalanischen Gotik und ersetzte eine große Moschee der Mauren, die nach der Ankunft Alfons III. bereits christlich geweiht worden war. Sie besteht aus einem einzigen großen Schiff, an das seitlich die Kapellen angebaut sind, und wurde so oft renoviert und umgebaut, dass es nicht verwunderlich ist, dass sie barocke Elemente („Capella de Ses Ánimes“) oder klassizistische Züge (Hauptfassade) aufweist. Das Gebäude war Dreh- und Angelpunkt der Stadt, und zwar in guten wie in schlechten Zeiten, etwa im *Any de sa desgràcia* – Jahr des Unglücks -, als die Türken Ciutadella zum feierlichen Beweis ihrer Grausamkeit in einen einzigen riesigen Scheiterhaufen verwandelten. Im Zuge der letzten Bauarbeiten wurden das sogenannte „Portal de la Llum“ (Lichtportal) restauriert und neue Wasserspeicher angebracht.

Bevor man zum Born weiterläuft, sollte man sich einen Spaziergang durch die umliegenden Gässchen nicht entgehen lassen. Gegenüber der Kathedrale befindet sich der **Olives-Palast** und dahinter der daran angebaute **Bischofspalast**. Etwas weiter, in der Straße Sant Sebastiá, der **Squella-Palast**, in der Straße de Santa Clara der Palast der **Barone von Lluriach**, Inhaber des ersten inseleigenen Adelstitels, sowie das Kloster des Klarissenordens, dessen Geschichte voller Märtyrer, Brände und Entführungen dem Schicksal der Stadt eng verbunden ist. Auf der anderen Seite des **Pla de la Seu** befinden sich in der Straße **Del Roser** die gleichnamige Kirche mit einem herrlichen Barockportal, die heute den „Städtischen Ausstellungssaal“ beherbergt, und in der Straße Bisbe Vila einer der **Saura-Paläste** – heute eine Bankfiliale – und daneben, in einem Renaissancebau, das ehemalige Augustinerkloster **Del Socors**, in dem sich derzeit der Sitz des Konzilsseminars befindet. In seinem Kreuzgang finden im Sommer die Konzerte des traditionellen Musikfestivals und der **„Capella Davídica“** – eines Chors, der bedeutende Sänger hervorgebracht hat – statt. Dahinter, auf dem Plaça de la Llibertat, trifft man beim neugebauten Gemeindezentrum „Casa de la Cultura“ auf die Stände des kleinen, aber malerischen Marktes. Auf dem Rückweg kann man dann in der Straße del Santíssim noch zwei weitere interessante Paläste, nämlich den des Hauptzweiges der Familie **Saura** und den der Herzoge von **Almenara Alta**, bewundern. Schließlich statten wir auch der versteckten Straße de Sant Francesc noch einen Besuch ab, die zusammen mit den in die Hauptstraße Major del Born mündenden Straßen de Palau und Straßen Sant Jeroni das jüdische Viertel bildete.

Überwiegt in der bisherigen Darstellung das Ciutadella der Klöster und Paläste, so ist der Anblick des Obelisken des Born, der sich uns bietet, wenn wir von der Carrer Major aus auf diesen Platz gelangen, nicht weniger emblematisch. Der Schatten, den das Werk im Gedenken an die Opfer des türkischen Angriffs wirft, zeigt Stunde um Stunde auf die bemerkenswerten Gebäude, die es umgeben. Links von der Straßenmündung, aus der wir auf den Platz kommen, befinden sich die Paläste **Salort** und **Vivó**, daneben das **Kloster Sant Francesc**. Rechts sehen wir die seitliche Fassade des Palastes des Grafen von Torre Saura mit der typischen Arkadengalerie. Daneben das Teatre Principal oder Teatre des Born und dann das Gebäude des **„Cercle Artístic“**, des Künstlerkreises. Das letzte Gebäude schließlich birgt das Rathaus; es wurde im 19. Jh. an jener Stelle errichtet, an der einst die Festung der maurischen Statthalter stand. Hinter dem Gebäude befindet sich auf dem einstigen Bollwerk eine Esplanade, von der aus man einen herrlichen Blick auf den Hafen genießt.

Auf dem Stadtplan lässt sich erkennen, dass der Innenbereich von Sa Contramurada, in dem wir uns bisher aufgehalten haben, zu einer breiten Promenade hin geöffnet ist, die sich entlang der Bucht erstreckt. Diese Promenade, der **Camí de Sant Nicolau**, grenzt den Born von einem anderen bedeutenden offenem Raum der Stadt, dem Platz **Dels Pins**, ab und endet beim **Castell dels Pins**, einem aus dem 17. Jh. stammenden Festungsturm. Auf dem Plätzchen steht eine Büste des Matrosen **Farragut**, eines Sohns der Stadt, der während des Sezessionskriegs in Amerika Admiral der amerikanischen Kriegsflotte war. Am anderen Ufer des Meeresausläufers steht der **Leuchtturm** von Ciutadella, der im Volksmund als *sa farola* bezeichnet wird (Allerdings bahnt sich Umgestaltung des gesamten Bereichs an, da die Hafenkapazitäten erweitert werden müssen.

Man fährt seit Beginn der Bauarbeiten an dem neuen Hafen vom Meer her nicht mehr wie früher nach Ciutadella hinein. Und die Einfahrt wird sich weiter ändern, bevor noch der neue Hafen fertig ist. Es heißt, dass die Auslegung des neuen Hafens, so wie er geplant wurde, auch bereits zu klein für die neuen Anforderungen ist. Aber während man an dem neuen Hafen baut, gleicht der alte Hafen immer mehr einem venezianischen Kanal mit Brücke, und vielleicht verdankt er seinen Charme gerade der Tatsache, dass er so klein ist, gerade mal einen Kilometer lang und durchschnittlich zweihundert Meter breit. Die Strenge der Hafenmauer steht im Kontrast zu den bunten Restaurant- und Caféterrassen auf der Mole. Die Hafenpromenade wird den ganzen Tag über durch das Kommen und Gehen der Restaurant- und Kneipengäste, die Besatzungen der ein- und auslaufenden Boote, die Stände, an denen Kunsthandwerk angeboten wird, und durch die vielen Spaziergänger belebt. Mal fährt ein *bou* ein, ein Fischerboot, dann verlässt ein Ausflugsboot den Hafen; es ist ein ständiges Hin und Her. Es ist, als ob das Wasser hier seine ständige Bewegung auf die Menschen überträgt, denn es kommt nie zur Ruhe. Hier lässt sich ein außergewöhnliches Phänomen beobachten, die rissagues, schnellen Tiden ähnliche Veränderungen des Wasserstands, die das Hafenbecken trockenlegen können, um anschließend über den normalen Pegelstand hinaus anzusteigen. Den günstigsten Zugang zum Hafen bilden die Treppen, die von Es Born hinabführen oder die Carrer Portal de Mar hinter dem Rathaus. Der Hafen endet am **Pla de Sant Joan**, wo auch ein Teil des Ortsfestes stattfindet, das man übrigens nicht verpassen sollte, wenn man sich ein Bild davon machen will, wie lebendig die Stadt unter ihren jahrhundertealten Gewand geblieben ist.

„Es Gin“

Auch wenn der *gin* wohl während der britischen Besatzung nach Menorca gelangt ist, so ähnelt er doch mehr dem holländischen Genever als dem englischen Gin. Die Wacholderbeeren werden in alten Destillierkolben destilliert. In den Produktionsstätten der Marke „Xoriguer“ im Hafen von Maó, die wesentlich zur Verbreitung dieses Produkts beigetragen hat, können sie immer noch besichtigt werden.

Schwieriger ist es geworden, bei den Antiquitätenhändlern die uralten *caneques* ausfindig zu machen, in denen der Schnaps serviert wurde. Allerdings werden diese länglichen Tonflaschen mit dem kleinen Griff am Hals von der bereits erwähnten Firma reproduziert.

Der *gin* wird pur, mit *herbes* (einem anderen Produkt der menorquinischen Spirituosenhersteller), mit Zitronenschale und einem Schuss Sodawasser (als Appetitanreger namens *pallofa*) oder mit Limonade verdünnt getrunken. Im letzten Fall heißt das Getränk *pomada* und stellt das menorquinische Festgetränk par excellance dar.

Von **Port de Maó** nach **Na Macaret**

Haus über dem Hafen von Maó

Strand von Sa Mesquida

Die gesamte Nordostküste weist ein stark zerklüftetes Profil auf und besitzt viele kleine Halbinseln, die den Wellen trotzen, und Steilhänge, die von ihnen geformt wurden. In Es Grau dringt das Meer landeinwärts und nährt das Brackwasser von S'Albufera; gar mehr noch in Port d'Addaia, wo es mehr als drei Kilometer weit in das Land vordringt. Und genau diese Stellen sind die einzigen windgeschützten Orte und sicheren Liegeplätze für Boote, da der ganze Rest der Küste dem Wind ausgesetzt ist. Dies ist auch der einzige Grund, warum man bei Nordwind Strände an der Südküste auswählen sollte, zumal auch Sa Mesquida, Morella und Tortuga ihren Charme haben.

S'Albufera von Es Grau ist ein Feuchtgebiet von großem biologischen Reichtum, das von zahlreichen Wasservogelarten bevölkert wird. Im Sommer kommen sie zu Tausenden, nisten hier und ziehen ihre Küken auf, und auch für einige Zugvögelarten stellt der Ort eine Pflichtetappe auf der Reise in den Süden dar. Schilf, Sevenbäume und Pinien säumen S'Albufera und trennen es von der offenen See.

Port de Maó
Sa Mesquida
Es Grau
Far de Favàritx
Port d'Addaia

Das Kap Favàritx widersteht der Kraft des Meeres

Leuchtturm von Favàritx

Die *taula* in Talatí de Dalt

Ein anderer einzigartiger Ort ist das Cap de Favàritx mit dem Leuchtturm, der sich auf dem schwarzen Schiefer erhebt. Ganz im Gegensatz zu Es Grau, wo die Landschaft weich gezeichnet ist, ist sie hier dantesk und aggresiv, vor allem bei schlechtem Wetter. Dennoch sollte man sich diesen Ort nicht entgehen lassen.

Zwischen der Küste und Alaior befindet sich ein großer Wald, in dem die Steineiche überwiegt, aber auch Pinien vorkommen, und der mit seltsam anmutenden Felsformationen wie den Penyes d'Egipte oder dem Capell de Ferro durchsetzt ist. An diesen Ort sollte man sich erinnern, wenn die Sommersonne drückt und einem nach einem kühlen Spaziergang im Schatten zumute ist.

Ausflüge
zu Fuss oder mit dem Fahrrad

Von **Port de Maó**
nach **Na Macaret**

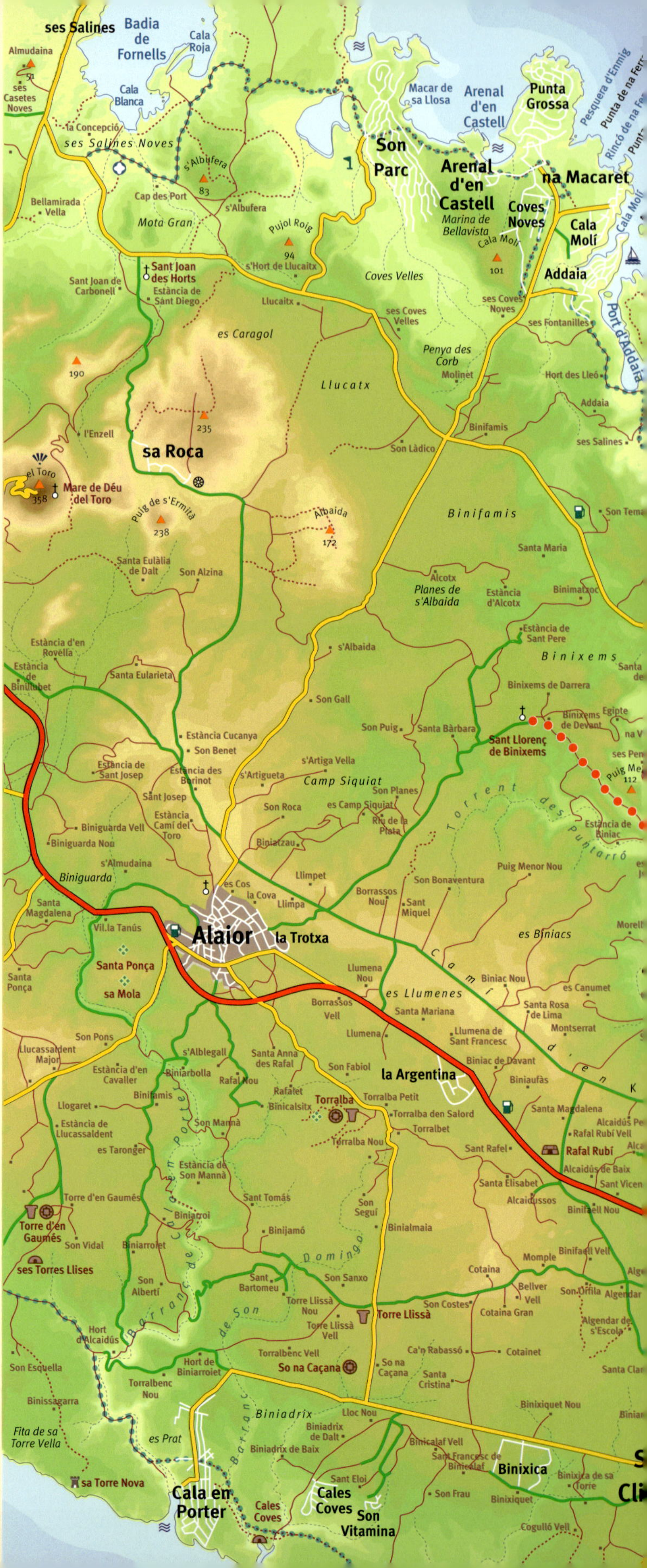

1
Sa Mesquida
Es Grau

2
Es Grau
Sa Torreta

3
Camí de sa Boval
Torre Blanca

4
Es Puntarró
Binixems

5
Camí de
Mongofre Nou

6
Favàritx
Cala Morella

Zeichenerklärung
Leuchtturm
Wachturm
Strände
Panoramablick
Handelshafen
Sporthafen
Fischereihafen
Steinbrüche von marès
Mühle
Einsiedelei, Kirche
Campingplatz
Tankstelle
Airport
Flugplatz
Talayot-Siedlung
Taula (Megalithdenkmal)
Talayot
Naveta (Megalithdenkmal)
Höhlen
Frühchristliche Basilika
Landstraße
Nebenstraße
Asphaltierter Weg
Straße in Wohngebiet
Feldweg
Pfad
Bach
Camí de Cavalls
Ausflüge
Illa Gran d'Addaia
ses Àguiles
els Armaris
Punta de s'Enclusa
Cala de s'Enclusa
Cala Pou d'en Caldés
Macar d'Enmig
Punta de sa Font
Macar de sa Roba
Punta Timons
es Portixol
s'Escala
Cap de Favàritx
Favàritx
Cala Presili
Platja de Capifort
Platja d'en Tortuga
Cap d' en Tortuga
es Prat
Capifort
Cala Morella Nou
Cap de Mossén Vives
Cala en Cavaller
Morro de sa Falconera
es Caló de s'Oli
Punta de ses Àligues
Mongofre Vell
Santa Rita
Sant Bartomeu
Morella Nou
Morella
Morella Vell
Morellet
Santa Rosa
Turdonell de Dalt
Torre Blanca
sa Torre Blanca
Cala de sa Torreta
Cala des Tamarells
Cap de Mestral
Illa d'en Colom
Cap de LLevant
Punta Fra Bernat
Platja des Grau
Illots de sa Cudia
Punta de sa Cudia
Punta de sa Galera
es Grau
sa Cudia Nova
s'Albufera
sa Bassa
sa Cudia Vella
es Violar
ses Salvatges Primes
Caló de ses Mandries
Cala Grau
ses Salvatges Fondes
Caleta de Binillautí
ses Piquetes
Macar de Binillautí
en Bombarda
s' Esquena d'Ase
Binillautí Nou
Binillautí Vell
Binillautí
sa Raconada Vella
es Pa Gros
Illots de sa Mesquida
Torre de sa Mesquida
Cala Mesquida
Punta de sa Bateria Vella
sa Mesquida
Punta Negre
es Murtar
Cala es Murtar
Cap Negre
els Escullots
ses Àligues
Punta de ses Bancades
es Freus
Cala Llonga
Sant Antoni
Illa del Rei
Illa Quarentena
Cala Teulera
Illa del Llatzeret
La Mola
la Mare de Déu
Punta de s'Esperó
Punta de na Nega James
es Clot
Punta de Sant Felip
Castell de Sant Felip
Punta de Sant Carles
Cala Sant Esteve
Maó
es Castell
Son Vilar
Horizonte
Cales Fonts
Santa Ana
Sol del Este
Noria Riera
Torre Vella
Sant Llorenç
Trepucó
Llucmassanes
Aeroport de Menorca
Aeroclub de Sant Lluís
Talatí de Dalt
Curnia
es Fornàs
Serra Morena
Biniarroga
Santa Catalina
Palafanguer de Baix
Palafanguer de sa Barrera
Ermita de Fàtima
Santa Mariana
sa Boal Nova
sa Boaleta
es Palmer Vell
es Palmer Nou
Pont Modorro
Sant Ramon
s'Esqueller
Milà Nou
Milà Vell
es Milà
Rafal Nou
Rafal Vell
Algarrova
Algarrovet
Sant Isidre
Binisarmenya
sa Granja
Pla dels Vergers
Sant Joan dels Vergers
sa Colàrsega
Cala Rata
Cala Figuera
el Fonduco
Cala Corb
Agotars
Rafal Colom
Son Pons
1
2
3
4
5
6

Ausflüge zu Fuss oder mit dem Fahrrad

Weg nach Es Grau

Cala de sa Torreta

Taula von Torre Blanca

1

Sa Mesquida
Es Grau

Für diesen Ausflug müssen Sie gut zu Fuß sein (und im Sommer einen Sonnenhut oder Sonnenschirm mitnehmen). Die Route ist jedoch vor allem deshalb empfehlenswert, weil sie durch einen trotz seiner Nähe zu Maó praktisch unberührten Teil des Küstenstreifens führt. Der Weg verläuft oberhalb der Steilküste (mit herrlicher Aussicht auf das offene Meer) und wird nur durch einige bezaubernde Buchten unterbrochen, die zu einem Bad einladen. Außerdem ist der Weg breit und bequem; nur an einigen Stellen verengt er sich zu einem Pfad. Da es sich um eine relativ weite Strecke handelt, empfehlen wir jedoch, den Rückweg von **Es Grau** aus per PKW, Bus oder Taxi vorzusehen.

Zeit:
ungefähr 3 - 4h (nur Hinweg)

2

Es Grau
Sa Torreta

Ausgangspunkt ist die kleine Holzbrücke, über die man an den Strand von **Es Grau** gelangt. Wir gehen zum entgegengesetzten Ende des Strandes und schlagen den dort beginnenden Weg ein. Nach einer kleinen Bucht mit einem Häuschen passieren wir einen Pfad, der nach links führt, und gehen stattdessen hinter der **Punta de Fra Bernat** weiter. Vom allmählich ansteigenden Weg aus genießen wir eine herrliche Aussicht auf die **Illa d'en Colom**. Bis zur **Cala de Sa Torreta** gehen wir nun durch die Hügellandschaft, die auf dieser Seite **S'Albufera** säumt. Der gleiche Weg führt uns auch wieder zurück.

Zeit:
ungefähr 2h (Hin- und Rückweg)

3

Camí de sa Boval
Torre Blanca

Der **Camí de Sa Boval** führt durch eine Ebene, in der sich zahlreiche, einst zum Feuchtgebiet **S'Albufera** gehörende Weiden befinden. Die archäologische Fundstätte **Torre Blanca** befindet sich mit ihrer *naveta*, den Resten einer Siedlung und einer einzigartigen *taula* (die einzige mit Blick auf das Meer) an einer Stelle, von der aus man ebenfalls eine herrliche Aussicht auf die Küste und die **Illa d'en Colom** hat. Diese Route ist auf ganzer Länge befahrbar und bietet eine interessante Alternative, auf einer weniger frequentierten Route das menorquinische Binnenland kennen zu lernen.

Zeit:
ungefähr 2h 30m (Hin- und Rückweg)

Wallfahrtskapelle Sant Llorenç de Binixems

Es Capell de Ferro

Strand von Presili

4
Es Puntarró Binixems

Diese Route beginnt in der gleichen Ebene wie die Route 3, aber der Weg steigt immer mehr an, je tiefer wir in den dichten Wald hineinkommen, der vor kurzem den Status eines Naturschutzgebietes erhielt.
Der Spaziergang endet an der Wallfahrtskapelle **Sant Llorenç de Binixems**, einer der ältesten der Insel. Sie stammt aus der Epoche der katalanischen Eroberung und wird bereits im Vertrag von Agnani als eine der Pfarreien erwähnt, die zur neuen territorialen Struktur gehören sollten.

Zeit:
ungefähr 2h 30m (Hin- und Rückweg)

5
Camí de Mongofre Nou

Ein Spaziergang von der Landstraße zum Eingang des (nicht öffentlich zugänglichen) Gutshofs **Mongofre Nou**, bei dem man die merkwürdigen Felsformationen des **Capell de Ferro** betrachten kann, die sich westlich des Weges befinden. Befahrbar.

Zeit:
weniger als 1h

6
Favàritx Cala Morella

Die Route beginnt am **Cap de Favàritx**, wo man sich eine Zeit lang aufhalten kann, um die Umgebung des Leuchtturms zu erkunden. Dann gehen wir wieder zurück in Richtung der Strände **Presili** und **En Tortuga**. Hinter dem letztgenannten Strand liegen ein kleines Feuchtgebiet, das manchmal trocken ist, und einige Dünen. Der Ausflug geht um einen kleinen Felsen herum weiter, der beide Strände voneinander trennt, bis nach **Morella Nou**. Diese Route ist sowohl landschaftlich als auch geologisch sehr interessant, da sich verschiedene Bodenformationen abwechseln.

Zeit:
ungefähr 1h 30m (Hin- und Rückweg)

Port de Maó
Es Castell | Cales Fonts

←
Es Grau, eine Biegung an der Nordküste im Gebiet von Maó

Der 5 km lange **Hafen von Maó** war immer schon ein geschätzter Zufluchtsort für die Seefahrer vieler Nationen. Auf den neuen Uferpromenaden kann man zu Fuß den Hafen kennen lernen und überblicken; empfehlenswert ist aber auch eine Rundfahrt mit dem Boot

Die an der gleichen Bucht liegende Ortschaft **Es Castell** ist die erste der ganzen Insel, die morgens die Sonne aufgehen sieht. Die alte Fischermole von **Cales Fonts** ist dagegen in den Sommernächten ein beliebter Treffpunkt

Der Felsen Es Pà Gros (68 m) beherrscht die Bucht **Cala Mesquida**. Hier landeten im Jahr 1871 die Franzosen und eroberten Menorca. Auf der anderen Seite der Bucht sieht man diesem Felsen gegenüber einen herrlichen Wachturm, der von den Briten im 18. Jahrhundert errichtet wurde, um Überraschungsangriffe zu vermeiden

Rechts sind die Häuschen zu sehen, in denen schon seit langer Zeit viele Bewohner Maós den Sommer verbringen

Sa Mesquida

Es Pa Gros | Sa Raconada Vella

Hinter **Es Pa Gros** liegt eine zweite Bucht, die unter dem Namen **Sa Raconada Vella** bekannt ist. Da sie fast keinen Sandstrand hat, ist sie sehr wenig besucht

Die eindrucksvolle Landschaft von **Es Grau** – mit ihrem breitem Strand und den typischen Häuschen – wird durch die neue Verordnung für das gesamte Gebiet von **S'Albufera** gebührend geschützt. Sie wurde zum ersten Naturpark der Insel erklärt, und der einzigartige Charakter dieses Ökosystems wurde somit anerkannt. Den Bebauungsversuchen in diesem für die Vogelwelt und viele Pflanzenspezies überaus wertvollen Habitat ist somit ein Riegel vorgeschoben. Außerdem können nun spezifische Forschungs- und Bildungsprogramme durchgeführt werden

Es Grau
Naturpark von S'Albufera

Bei einer Wanderung über die ausgezeichneten Routen des Naturparks **S'Albufera** kann man die Bedeutung dieses Feuchtgebietes erkennen. Es dient zahlreichen europäischen und afrikanischen Zugvögeln als Ort der Zwischenlandung und ist über den kleinen Kanal Sa Gola mit dem offenen Meer verbunden

Eine weitere Sehenswürdigkeit dieser Region ist die wenig besuchte **Cala de sa Torreta**, die nur zu Fuß von Es Grau aus erreichbar ist. Dort endet der auf Seite 44 beschriebene Ausflug 2

Es Grau
Sa Torreta | Illa d'en Colom

Falls Sie über ein eigenes Boot verfügen, ist die Überfahrt von Es Grau zur Insel **Illa d'en Colom** ein interessanter Ausflug.

Die **Caló d'es Moro** ist eine der beiden kleinen, aber attraktiven Buchten dieser Felseninsel

In der Umgebung von Favàritx befindet sich die kleine, relativ unbekannte Bucht **Morella Nou**, die auch einen Besuch wert ist. Ihr Sandstrand und ein für die Küste typisches Häuschen sind von einem Pinienhain umgeben. Man erreicht diese Bucht, wenn man die auf Seite 45 beschriebene Route 6 nimmt

Die **Cala en Tortuga** (bzw. Capifort) und die **Cala Presili** sind zwei benachbarte Buchten, die von denen geschätzt werden, die dem Massentourismus entgehen möchten. Hinter der Tortuga-Bucht befinden sich Dünen und ein kleines Feuchtgebiet

Far de Favàritx

Morella Nou | Cala en Tortuga

Die Silhouette des Leuchtturms von **Favàritx** erhebt sich auf dem schwarzen Schiefer des wildesten Kaps dieser Küste inmitten einer oft als „Mondlandschaft“ bezeichneten Umgebung. Bei Sturm bietet das Meer, das die Felsküste peitscht, ein geradezu erschreckendes Bild

Das zerklüftete Profil dieser Küstenregion verbirgt einige kleine Schmuckstücke wie die Buchten **s'Enclusa** und **Mongofre**. Im Hintergrund sind die Inselgruppe Illots d'Addaia und das Fischerdorf Na Macaret zu sehen

Im inneren Teil des Hafen von Addaia **(Port d'Addaia)** sieht man noch die Struktur der alten Salinen.

Port d'Addaia
Mongofre | Na Macaret

An der Einfahrt zum engen, langgezogenen **Port d'Addaia** sieht man die Anlagen des Sporthafens. Im Vordergrund sehen Sie die Häuser von **Na Macaret,** und auf der rechten Seite die Bucht **Cala Molí**

Von **l'Arenal d'en Castell** nach **Cala Pregonda**

Arenal de s'Olla (Son Parc)

Bei Es Mercadal

Der Hafen von Fornells

Es Mercadal ist der „Verteiler" dieser Region, während Fornells das touristische Zentrum darstellt. Der ausgedehnte, durch das Vorgebirge Sa Mola vor heftigen Winden geschützte Strand eignet sich ideal für die Ausübung der verschiedensten Wassersportarten. Die Lieblichkeit der hiesigen Strände kontrastiert stark mit dem zerklüfteten, wilden Rest der Küste. Das trifft insbesondere auf die Bucht Cala Pregonda zu, die so schwer zu erreichen ist, dass sie zu einem verborgenen Schatz wird.

Die Vielfältigkeit der geologischen Strukturen lässt keine eindeutige Zuordnung der Landschaft zu: in Cala Roja in der Bucht von Fornells sehen wir kupferfarbene Formationen (aus dem unteren Trias; ebenfalls im berühmten Penya de s'Indi und in Cavalleria zu finden, wo es auch ein Cap Roig - ein Rotes Kap - gibt). Diese Rottöne haben nichts mit den nur wenig entfernt überwiegenden Grau- und Schwarztönen gemeinsam. Einen gemeinsamen, endgültigen und unausweichlichen Faktor, der sich auf alle Formationen gleichermaßen auswirkt, gibt es jedoch: den Nordwind Tramuntana. Seine Erosionskraft und die Wucht des aufgewühlten Meeres prägen alles, was sich ihnen in den Weg stellt.

Arenal d'en Castell
Arenal de Son Saura
Fornells
Cap de Cavalleria
Cala Pregonda

Port de sa Nitja

Cala Pregonda

Die ganze Küstenlinie hatte es in der Tat verdient, durch das neue Naturschutzgesetz der Balearen geschützt zu werden. Im Binnenland finden wir weitere Orte von großem Interesse, etwa die Ruine der maurischen Festung in Santa Àgueda oder den El Toro als herrlichen Aussichtspunkt über ganz Menorca. Oder die kaum jemals vom Menschen berührte Landschaft, die sich zwischen beiden erstreckt und die uns an jene Zeiten erinnert, als die Jahreszeiten die einzigen vorstellbaren Veränderungen verursachten.

Ausflüge
zu Fuss oder mit dem Fahrrad

Von **l'Arenal d'en Castell** nach **Cala Pregonda**

es Cobrómbol
Cap de Cavalleria
Cova d'en Mora
Far de Cavalleria
es Pas
89
s'Olla
Cap Roig
Pesquera d'en John
na Blanca
Cala Viola de Ponent
Port de Sanitja
Punta d'en Batista
Punta de sa Torre
Cala Viola de Llevant
Punta des Vernís
sa Talaia
es Marès
sa Trona
Cala Torta
Punta de sa Cova de ses Ovelles
Sanitja
Platja de Cavalleria
Platja de Farragut
9
Santa Teresa
es Macar Gran
Punta Negra
Coll de sa Cabra
Punta Mala
Cap de Fornells
Torre de Fornells
na Ponça
sa Selleta
es Morter
Cova dels Anglesos
es Jugador de Plè
Punta de na Guillemassa
Mola de Fornells
Cova des Orgues
Cova de na Polida
Cap d'en Pentinar
Illa d'en Tosqueta
Macar d'en Tosqueta
Cap Negre
na Fonoll
Niu de Xòrics
es Xiprer
Clot des Guix
Punta de sa Talaieta
Fornells
Cala Tirant
Platges de Fornells
Illa Sargantana
Illa des Revells
Badia de Fornells
Cala Pudent
Arenal de Son Saura
ses Olles
Cap des Redoble
Punta Grossa
Ferragut Nou
Cavalleria
127
Binidonaire
Arenal de Tirant
Tirant Nou
Bininonairet
els Martinells
ses Salines
Cala Roja
es Carregador
Estància d'en Magister
ses Cases Noves
Almudaina
ses Casetes Noves
Tirant Vell
Cala Blanca
7
Macar de sa Llosa
Arenal d'en Castell
Punta Grossa
Pesquera d'Enmig
Punta de na Ferradura
Rincó de na Ferradura
Punta d'en Siulet
es Prat
ses Salines
la Concepció
Son Parc
Lluriac Nou
Lluriac Vell
Vilanova
Santa Victòria
s'Albufera
83
Arenal d'en Castell
na Macaret
8
Cap des Port
s'Albufera
Coves Noves
Cala Molí
Torrent des
Binisarrait
Binisarraia
Binicreixent
Bellamirada Vella
Mota Gran
Pujol Roig
Marina de Bellavista
Cala Molí
Bellamirada de Dalt
94
101
Estància d'en Siano
Sant Joan de Carbonell
Sant Joan des Horts
s'Hort de Llucatx
Coves Velles
Addaia
Estància de Montpalau
Estància de Barbatx
Barbatx
Son Servera
Estància de Sant Diego
Llucatx
ses Coves Velles
ses Coves Noves
ses Fontanilles
en Brut
Montpalau
Barbatx
es Caragol
Port d'Addaia
Savinar de Mongofre
Binigurdó
190
Penya des Corb
Molinet
Hort des Lleó
Mongofre Nou
Llinàritx Nou
Llucatx
Addaia
Peu del Toro
l'Enzell
235
Binifamis
ses Salines
es Mercadal
sa Roca
Son Làdico
el Toro
Mare de Déu del Toro
Rafalet Nou
358
Puig de s'Ermita
Albaida
172
Binifamis
Son Tema
es Xalet
Rafal des Frares
238
sa Farinera
Santa Maria
Capell de Ferro
92
Roca des Frare
Santa Eulàlia de Dalt
Son Alzina
202
s'Arangí
Alcotx
Planes de s'Albaida
Estància d'Alcotx
Binimatxoc
Binifailla
Puig Mal
s'Aranjassa
214
Puig Mal
Estància de Sant Pere
Estància d'en Rovella
Binillubet
s'Albaida
Binixems
Santa Catalina de Dalt
Estància de Binillubet
Santa Eularieta
Binissegui
es Pi
Binixems de Darrera
Son Gall
Egipte
Sant Jeroni
Son Puig
Santa Bàrbara
Sant Llorenç de Binixems
Binixems de Devant
na Vermella
Estància d'en Nofre
Estància Cucanya
Son Benet
es Banyu
Sant Joan
ses Penyes
Hort de Son Trèmol
Estància de Sant Josep
Estància des Borinot
s'Artigueta
s'Artiga Vella
Camp Siquiat
Puig Menor
Estància de ses
Formaden
Sant Josep
Son Planes
112
Torrent des Puntarró
es Bec Nou
es Bec Vell
Estància de Binixebonet
Biniguarda Vell
Estància Camí del Toro
Son Roca
es Camp Siquiat
Riu de la Plata
Estància de Biniac
sa Cova de Baix
es Becs
Santa Creu
Biniguarda Nou
Biniatzau
Son Torres
s'Almudaina
es Tres Jurats
Biniguarda
Llimpet
Puig Menor Nou
Binixebó
Binixebonet
es Cos
la Cova
Llimpa
Borrassos Nou
Son Bonaventura
Son Blanc Vell
es Barranquet
Santa Magdalena
Sant Miquel
Vil-la Tanús
Alaior
la Trotxa
es Biniacs
Morell
Santa Ponça
Son Blanc Nou
Llumena Nou
es Canum
sa Mola
Santa Ponça
es Canumet
Biniac Nou
Son Sereni
Borrassos Vell
es Llumenes
es Canum
Santa Mariana
Santa Rosa de Lima

Ausflüge zu Fuss oder mit dem Fahrrad

Cala Pudent

Cala Roja

Futterpflanzen auf den Feldern

7

Arenal de Son Saura
Cala Pudent

Ein kurzer, aber wunderschöner Spaziergang über die Felsformationen der Küste, der uns zur kleinen und verborgen liegenden Bucht **Cala Pudent** führt, deren Wasser klar und sauber ist. Der einfach zu findende Weg beginnt am linken Ende (wenn man aufs Meer schaut) des Strandes **Arenal de Son Saura**.

Zeit:
unter 1h (Hin- und Rückweg)

8

Cala Roja

Diese Route beginnt kurz vor der Kreuzung der Me-7 mit der Me-15 (Es Mercadal-Fornells). Wir folgen dem breiten, nicht asphaltierten Weg, bis wir eine Einfriedung aus übereinander geschichteten Steinen überwinden müssen. Danach nehmen wir die Abzweigung nach links und gehen durch den Pinienhain zu den merkwürdigen geologischen Formationen der **Cala Roja**. Die Freunde des Lehmbads haben hier die Gelegenheit, ihrer Haut etwas Gutes zu tun, aber auch der Anblick der großen Bucht von Fornells für sich allein ist schon den Spaziergang wert. Für den Rückweg empfehlen wir, an der Küstenlinie vorbei der **Cala Blanca** bis zum alten Haus und den stillgelegten Salinen von La Concepción zu folgen und von dort aus den Weg zurück zum Ausgangspunkt einzuschlagen. Echte Wanderfreunde können den Spaziergang noch verlängern, indem sie die kleinen Wege erforschen, die von hier die Mola de Fornells durchlaufen.

Zeit:
ungefähr 1h 30m (Hin- und Rückweg)

9

Strand von Ferragut
Strand von Binimel·là

Oder umgekehrt. Das bedeutet, dass wir bei einem Spaziergang entlang der Küste von einem der Strände zum anderen, unabhängig davon, wo man losgeht, die Umgebung und die Bucht **Cala Mica** kennen lernen.

Zeit:
ungefähr 1h 30m (Hin- und Rückweg)

Cala Pregonda

Ländliche Umgebung

Weg nach Santa Àgueda

10
Strand von Binimel·là Cala Pregonda

Dieser Spaziergang, der am Strand von **Binimel·là** beginnt, ist die beste Art und Weise, die wunderschöne **Cala Pregonda** kennen zu lernen.

Zeit:
unter 1h (Hin- und Rückweg)

11
Ferreries Camí de Ruma

Der **Camí de Ruma** führt von Ferreries aus in nördlicher Richtung durch die Finca Hort de Sant Patrici. Nachdem wir einen kurvigen, ansteigenden Streckenabschnitt hinter uns gelassen haben, gelangen wir zu den Casas de Sant Francesc, wo wir das Auto lassen. Der nicht asphaltierte Weg, den wir nach rechts einschlagen, lässt uns schnell die Schönheit dieses Ausflugs erkennen; er bietet eine weite Aussicht auf die Küstenlinien zu beiden Seiten der Insel. Etwas weiter nördlich, hinter Sant Josep, wird der Weg zu einem schmalen Pfad, ist aber auf dem Abschnitt, der als **Camí de Tramuntana** bezeichnet wird, sowie auf dem Rückweg bis Sant Antoni de Ruma erneut flach und bequem. Ab hier und mit zunehmender Höhe bieten sich erneut herrliche Aussichten, dieses Mal auf **Santa Àgueda** und **S'Enclusa**.

Zeit:
ungefähr 3h 30m (Hin- und Rückweg)

12
Santa Àgueda

Eine interessante Steinstraße, die eines der bedeutendsten Überbleibsel aus der Zeit der maurischen Herrschaft über die Insel darstellt, führt uns hinauf auf eine Höhe von 264 m über dem Meeresspiegel. Die Restaurierung der alten, zum kunsthistorischem Denkmal von nationalem Interesse erklärten Festung, von der aus die Insel einst verwaltet wurde, ist geplant.
Sie bietet eine spektakuläre Aussicht.

Zeit:
ungefähr 1h 30m (Hin- und Rückweg)

Arenal d'en Castell
Macar de Sa Llosa

←
Die **Cala Pregonda**, die eher den Buchten im *Migjorn* gleicht, ist ein ganz einzigartiger Ort an der Nordküste

Die steinerne Mole der Punta Grossa schützt den langen, geschlossenen Sandstrand **Arenal d'en Castell** vor dem Nordwind. Die umliegenden Hotels und Feriensiedlungen weisen auf die Anziehungskraft hin, die dieser große Strand auf viele Urlauber ausübt

Auch **Macar de sa Llosa** ist ein sehr hübsches Fleckchen an dieser großen Bucht, in der auch der Strand Arenal d'en Castell liegt. Von diesem Strand aus kann man nach Macar de sa Llosa spazieren, obwohl man leichter und schneller über Son Parc, die am weitesten im Norden gelegene Siedlung, dorthin gelangt

Der **Arenal de son Saura** wird oft – vielleicht um ihn von der Cala Son Saura an der Südküste zu unterscheiden – mit dem Namen der umliegenden Feriensiedlung „Son Parc" bezeichnet. Er ist von einem Dünenstreifen umgeben, und landeinwärts befindet sich der einzige Golfclub Menorcas

Die winzige **Cala Pudent** liegt links von Son Saura. Die Nähe zum großen Strand und die Schönheit der Umgebung machen einen Besuch empfehlenswert (Routenbeschreibung S. 62, Ausflug Nr. 7)

Arenal de Son Saura
Cala Pudent | Fornells

Die Mola de **Fornells** ist das nördlichste Ende der Nordostküste Menorcas. Danach fängt ein Küstenstreifen an, der dem starken Tramontana-Wind direkt ausgesetzt ist. Hier befindet sich eine Art großer, geschützter Salzsee, nämlich die große und geschlossene Bucht Fornells, die vielen Seefahrern als Zufluchtsort vor Stürmen gedient hat.

Das Gleichgewicht dieses Teils der Insel, heute Naturschutzgebiet, war schon mehrmals durch die stattfindenden, tiefgreifenden Veränderungen, bedroht. Glücklicherweise hat man jedoch erreicht, dass sie trotz des touristischen Wachstums nicht an Reiz verloren hat

Der Fischerhafen von **Fornells** stellt unzweifelhaft einen der wichtigen Anziehungspunkte für den Tourismus dar. Die Langustensuppe, die in seinen Restaurants serviert wird, hat auf diese Entwicklung einen großen Einfluß gehabt. Darüber hinaus ist hier der Wachtturm zu sehen, den die Briten nach der Zerstörung der alten Festung Sant Antoni errichteten

Dort, wo die riesige Bucht von Fornells endet, sind immer noch die Wasserbecken der ehemaligen Salzproduktion **Ses Salines** zu sehen. Daneben scheint sich der Pinienhain am Wasser der **Cala Blanca** zu erfrischen. In diese Landschaft führt der Ausflug Nr. 8, der auf S. 62 beschrieben wird

Fornells
Ses Salines | Cala Tirant

Gegenüber dem Hafen, in den immer mehr Schiffe und Menschen kommen, liegen kleine Buchten, die den Binnenmeercharakter dieser ruhigen Wasser noch unterstreichen. Die Bucht eignet sich ideal zum Segeln

In **Cala Tirant** weist der Name einer neuen Feriensiedlung darauf hin, dass sie zum großen „Strand von Fornells" werden soll. Auf dem Rücken dieses Sandstreifens befindet sich ein Feuchtgebiet, in dem Tamarisken wachsen

Die **Cavalleria-Halbinsel** endet an diesem Fels, und ihr Leuchtturm markiert den nördlichsten Punkt der Insel. Die kleine Felseninsel **Illa dels Porros** verschwindet bei rauer See oft unter den Wellen.

Die rötlichen Sandstrände **Cavalleria** und **Ferragut** sind sehr empfehlenswert... so-lange kein Nordwind weht. Der als Ausflug Nr. 9 auf S. 62 empfohlene Spaziergang von hier zum nahegelegenen Binimel·là ist einfach und angenehm

Cap de Cavalleria
Ferragut | Sa Nitja | Binimel·là

Diese Ansicht des **Cap de Cavalleria** zeigt den Kontrast zwischen dem hohen Ostgefälle mit seinen Steilhängen und dem niedrigen, allmählich zum Meer hin abfallenden Westhang. Zur Linken sehen wir **Port de sa Nitja**, den kleinen Kern einer ehemaligen römischen Siedlung, in der gegenwärtig Ausgrabungen stattfinden

Der Strand von **Binimel·là** ist der breiteste und am einfachsten zu erreichende Strand einer Region, in der der Reichtum der Meerestiefen spürbar ist. Das dahinter liegende Festland des Pla Vermell ist sehr fruchtbar, denn hier findet man Süßwasser und einen ausgezeichneten Boden

Cala Pregonda
Pregondó

Pregonda ist einfach traumhaft. Da es nicht leicht ist, zu diesem Strand zu gelangen, blieben hier das klare Wasser, der feine Sand und der umgebende Pinienhain erhalten. Was aber diese einzigartige Schönheit besonders unterstreicht, ist die wundervolle Lage inmitten der rauen Nordküste (siehe Ausflug 10, Seite 63)

Die vor der offenen See schützenden Klippen schaffen eine Atmosphäre, die für andere Breiten typisch ist. Der breiteste Teil des Sandstrands ist unter dem Namen **Pregondó** bekannt (auf der linken Seite)

Cala Pregonda
Illes Bledes | Cala Barril | Cala Calderer

Die **Cala Barril** wird von einem keilförmigen Felsen geschützt. Die größere der **Illes Bledes** zeigt deutlich, dass dieses Kap unter dem Wasser weiter verläuft

Hinter der Cala Barril liegt inmitten eines der größten Naturschutzgebiete die **Cala Calderer**. Allerdings ist sie ohne ein Boot nur sehr schwer zu erreichen, aber die Landschaft lohnt die Mühe

Von **Cala Pilar** nach **Cala Macarella**

Die Strände von Algaiarens

Cala en Blanes

Die am westlichen Ende Menorcas gelegene Region im Gemeindegebiet von Ciutadella ist der trockenste und kargste Teil der Insel. Sie reicht im Norden bis an die Grenze des großen Waldgebiets von La Vall und grenzt im Süden an eine von Schluchten durchzogene Landschaft. Das Gelände weist keine großen Höhenunterschiede auf, es ist eben und senkt sich nach Süden allmählich zum Meeresufer.

Landschaftlich ist die Küste am schönsten, während man im Binnenland einige prähistorische Denkmäler und Herrenhäuser findet, die einen Kontrast zur ländlichen Architektur bilden und vom Glanz vergangener Zeiten zeugen.

Die Strände an der Südküste, die von der Bauwut verschont blieben, erreicht man, indem man auf dem letzten Stück des Weges private Grundstücke überquert. Da die Besitzer dieser Grundstücke den Zugang zu diesen Stränden nicht einfach machten, blieben sie mehr oder weniger unberührt. Aber immer mehr Sonnenanbeter machen sich dorthin auf, so dass es im Sommer sogar zu Staus kommt. Diese berühmten „unberührten Strände" sind Son Saura, Es Talaier, Turqueta und Macarella.

Cala Pilar
Algaiarens
Ciutadella
Cap d'Artrutx
Son Saura
Macarella

Ciutadella. Es Born und der Hafen

Cala Macarelleta

Aber diese Strände oder Algaiarens im Norden sind die einzigen Alternativen, wenn man dem Massentourismus der näher an Ciutadella gelegenen Strände Santandria, Cala en Blanes, Cala en Brut, Cala en Forcat, Cales Piques usw. entgehen möchte. Aber auch diese letztgenannten Strände sind durchaus reizvoll und man findet dort vor allem eine ausgezeichnete Infrastruktur.

Ciutadella ist nicht nur ein Verkehrsknotenpunkt und Ausgangspunkt für Reisen über die Insel, sondern es blickt auch auf eine lange Geschichte zurück und besitzt einen ausgeprägten Eigencharakter. Der mediterrane Charakter, der Charme seiner Straßen und edle Gebäude machen Ciutadella zu einem attraktiven Ausflugsziel.

Ausflüge
zu Fuss oder mit dem Fahrrad

Von **Cala Pilar** nach **Cala Macarella**

13
Els Alocs
Cala Pilar

14
Cala Galdana
Cala Macarella
Cala en Turqueta

15
Torre Trencada
Barranc d'Algendar

16
Punta de s'Escullar

17
Son Xoriguer
Es Talaier

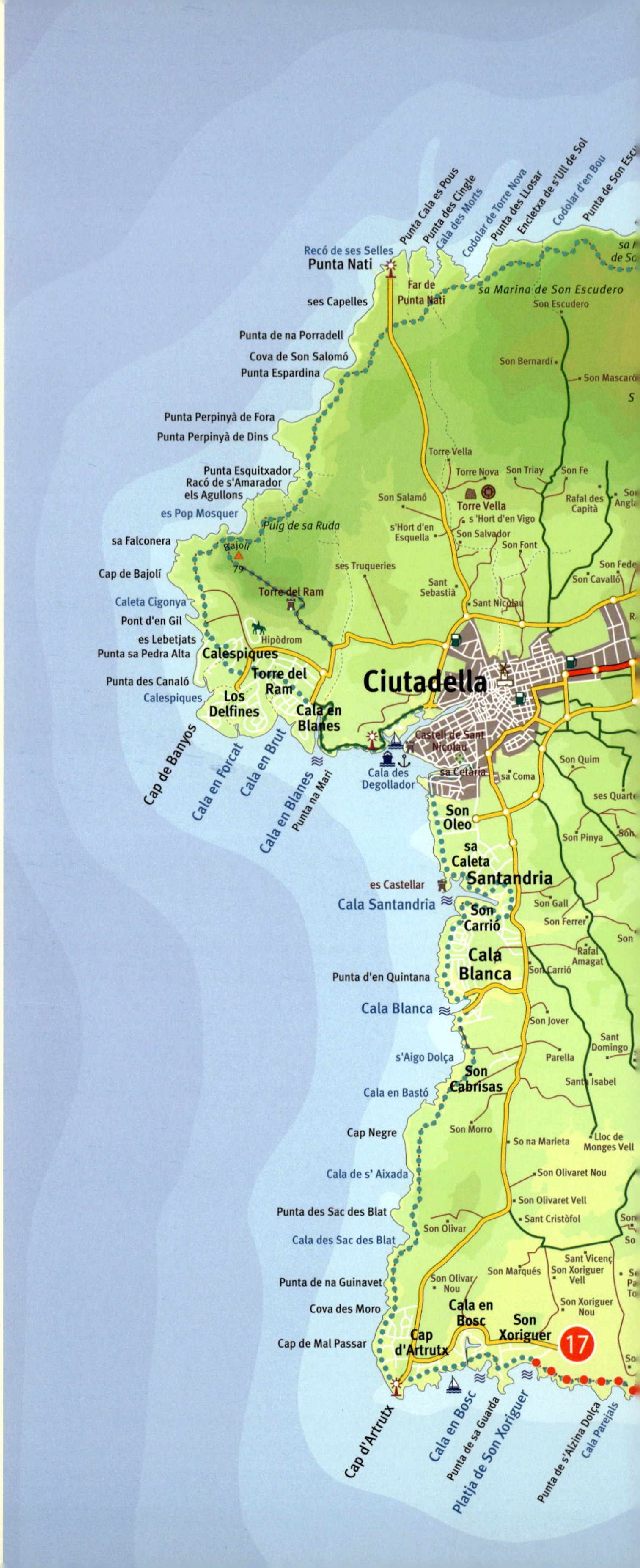

Cala Morell
Punta Llevant de Cala Morell
Roca de sa Llagosta
Cul de sa Ferrada
Cova de sa Merda
Pont des Colomar
Punta de Fra Bernat
Penyal de Curniola
Cova d'en Guàrdia
Codolar de Biniatram
Punta Rotja
Cala en Carbó
Penyal des Frare
Cap Gros
Racó de s'Alga
Racó de s'Aram
Caló d'en Sintes
Racó de ses Xàvegues
Penyals de sa Falconera
Caló d'Alfurinet
Punta de l'Anticrist
Penyals de sa Muntanya Mala
Macar d'Alfurinet
Punta des Carregador
Cala del Pilar
Cala dels Alocs
Roca de sa Sal
Cala Moragues
Cala en Calderer
Punta cala en Calderer
Curniola
Son Morell
Son Morell Nou
Cala d'Algaiarens
Algaiarens
sa Muntanya Mala
sa Falconera
Pla de Mar
Coves de l'Amo en Marc
Penyals de Binigalfà
Son Ermità
Santa Elisabet
Pinar de Son Angel
la Vall
sa Vinya
s'Hort de la Vall
s'Hort de sa Font Santa
Penya de sa Miloca
Pla de sa Font
Biniatram
Son Morell de Baix
Son Seu
sa Font Santa
Alfurinet
Sant Felip
Binigaufà
sa Torre d'en Quart
Canal de l'Infern
Son Angel
Alfurí de Dalt
Alfurí de Baix
Son Abatzer
Santa Àgueda
Castell de Santa Àgueda
Binigafull
s'Almudaina
Son Planas
Son Bernat
Son Rotger
16
13
15
14
ses Arenes
Binicanó
Alqueria Blanca
Alquerieta
Son Bruc
Santa Cecília
es Caragolí
Son Juaneda
Caragol
ses Arenes
ses Arenetes
Son Quart
Son Pebre
els Aljubs
Santa Victòria
Alpútzer Vell
Alpútzer Nou
Binisuesets
Binisues
Binimoti
es Tripol
Coll Roig
Santa Bàrbara
s'Hostal
Rafal Nou
ses Angoixes
Naveta des Tudons
ses Tavernes
Son Toni Martí
Son Baulo
Santa Teresa
Pujol de ses Païsses
Puig de sa Torre
Na Marcona
Sant Tomàs
es Tudons
Son Sintes
Torre Llafuda
Santa Magdalena
sa Muntanyeta
Puig de Santa Magdalena
ses Païsses
Son Pons
s'Enclusa
Binigarba
Cavalleria Vella
Cavalleria Nova
Son Camps
Torre Llafuda
Son Aparets
Muntanya Vella
Son Bell-Lloc
Son Bell-Lloc Vell
Son Bell-Lloquet nou
Son Blanc
Ferreries
Binipatí Nou
Binipatí Vell
sa Trinitat
Torre Trencada
Cavallerieta
Sant Joan
Sobrevell
Son Sans
Tot Lluc
Son Olives
Son Guillem
Torre Saura
es Canaló
Son Gornés
sa Beltrana
ses Delícies
Biniatrum
es Canavallons
Tot Lluquet
Bellaventura
Morvedre Vell
Escola
Son Febrer
es Torretó
es Pas d'en Revull
Sant Antoni de S'Aranjassa
Gornesset
Sant Joan de Missa
Morvedre Nou
Pabordia Nova
Torre Petxina Vella
Torre Petxina Nova
Algendar Nou
Algendar Vell
Estància de Son Mercer
Santa Rosa
Puig de Santa Tica
Pabordia Vella
Torre Petxina
Son Martorell
Calafí Nou
Sant Joan Gran
Son Foc
Binimassó
Sant Joanet
Son Tica
Torralbet
Santa Galdana
Algendaret
Binicalsitx
Son Triay
Santa Elena
Calafí Vell
Son Mercer de Baix
Son Camaró
Lloc Nou
Son Piris
Son Fonoll
Son Catlar
el Pare
Torralba
Son Mestres de Dalt
Santa Maria
Binicalsitx
es Barrancó
es Clot
Son Catlar
Son Mestres Nou
Sant Josep
Son Alzina
Binisaïd
Santa Ponça
Son Mercer de Baix
Son Vecete
sa Marjaleta
el Pericó
es Calafat
Son Olivar
Son Carabassa
Son Tarí Vell
Son Tarí Nou
Santa Aina
Serpentona
ses Cases de s'Hort
s'Hort de Binissaïd
Sant Llorenç
sa Marjal Nova
sa Cova
sa Marjal Vella
Macarella
s'Alzinar
Marquet
Torre Saura Vell
Sant Francesc
es Bèrecs
Cala Galdana
Mitjaneta
Horts de Trebalúger
na Llarga
Mallauí
Bellavista
ses Pedreres
es Boueret
els Banyuls
Talaia d'Artrutx
Son Saura Nou
Barranc d'Algendar
Barranc de Macarella
Barranc d'Algendaret
Barranc de Trebalúger
Barranc de sa Cova
Pesquera des Comte
es Calons
Platges de Son Saura
Punta des Governador
Cala des Talaier
Punta de na Bruna
Cala en Turqueta
na Foradada
Penyes d'Alpericó
Punta de na Gall
es Castellet
Cala Macarelleta
Cala Macarella
Cova des Boc
ses Alegries
Cala Galdana
S'Enfonsat de Binissaid
Cala Mitjana
es Pont de n'Alí
Cova Foradada
Cala Trebalúger
Pas de s'Arrel
Esquena de s'Ase
Cala Fustam
Cala Escorxada
es Canal Gran
Punta de na Rabiosa

Ausflüge zu Fuss oder mit dem Fahrrad

Cala del Pilar

Cala Mitjana

Taula von Torre Trencada

13
Els Alocs Cala Pilar

Von der kleinen Bucht **Els Alocs** erreicht man über einen Pfad, der auf halber Höhe an der Steilküste entlang läuft, einen der beliebtesten Strände abseits des Massentourismus, gleichzeitig einer der wenigen, an denen es eine Süßwasserquelle gibt. Weiter in Richtung Westen, nachdem man die Punta des Carregador hinter sich gelassen hat, trifft man auf ein seltsames Werk der Natur: Hunderte von *macs*, große, von den Wellen gerundete Steine, die einen Strand bilden, der sich für Riesen eignet, den **Pla de Mar**.

Zeit:
ungefähr 2h (Hin- und Rückweg)

14
Cala Galdana Cala Macarella Cala en Turqueta

Der erste Abschnitt dieser Route verläuft durch einen Pinienhain, der den Weg vom Meer abschirmt. Die schönen Buchten von **Macarella** und **Macarelleta** wären allein schon ein ausreichender Grund für diesen Spaziergang, aber es lohnt sich, nach einem Bad im sauberen Wasser zu der nicht minder beeindruckenden **Cala Turqueta** weiterzulaufen. Hat man Lust auf eine ausgedehnte Entdeckungstour, so bietet sich eine Kombination dieser landschaftlich schönen Route mit der Route 18 an, wobei man bei der Cala Turqueta beginnen könnte und für die Verbindung beider Routen etwa eine halbe Stunde veranschlagen muss.

Zeit:
ungefähr 2h 30m (Hin- und Rückweg)

15
Torre Trencada Barranc d'Algendar

Wir verlassen Ciutadella auf dem Camí Vell de Maó und legen bei **Torre Trencada** einen ersten Zwischenstopp für die Besichtigung des dortigen *talaiot* und der *taula* ein (ein Schild kennzeichnet den Weg dorthin sowie den Parkplatz, wo wir das Auto stehenlassen). Zu Fuß können wir gegebenenfalls zum benachbarten **Torre Llafuda** gehen, wo sich eine weitere, etwas kleinere *taula* befindet. Danach fahren wir auf der Landstraße in der gleichen Richtung wie zuvor bis ans Ende der Asphaltierung auf der Höhe von Son Guillem weiter, wobei wir an einer Gabelung nach links abbiegen. Nun können wir zu Fuß zum **Barranc d'Algendar** hinunterlaufen. Der alte, in den Fels gehauene, noch gepflasterte Weg lässt einen bereits das Schauspiel erahnen, das der Wasserlauf und die üppige Vegetation bieten.

Zeit:
ungefähr 1h (Hin- und Rückweg)
für den Fußweg

Felsformationen bei Cala Morell

Cala des Talaier

16
Punta de S'Escullar

Auf dieser Route gewinnt man einen Überblick über die Nordküste, die bis auf einige Stellen wie die nahegelegene **Cala Morell** wild und einsam ist. Wir parken das Auto dort, wo die Asphaltierung endet, und nähern uns dem Steilhang, von dem aus wir einen schönen Ausblick nach links und rechts genießen können.

Zeit:
ungefähr 1h (Hin- und Rückweg)

17
Son Xoriguer
Es Talaier

Dieser Ausflug kann auch in **Cala'n Bosch** begonnen werden, wobei der bebaute Abschnitt, der diese von **Son Xoriguer** trennt, ausgespart wird.
Die Route verläuft immer in der Nähe des Meeresufers und nur selten müssen Einfriedungen, die in der Regel über *botadors* (seitlich herausragende, als Stufen dienende Steine) verfügen, oder andere Hindernisse überwunden werden. Hinter der Finca So Na Parets Nou zur Linken und dem Zugang nach Torre Saura Vell gelangen wir zum doppelten Strand von **Son Saura**. Ab hier ist der Weg nicht mehr deutlich auszumachen, aber das Küstengebiet weist keine größeren Hindernisse auf. Wir gehen links an der Punta des Governador vorbei weiter nach **Es Talaier**, einer Bucht mit feinem weißen Sand, aber wesentlich kleiner ist als Son Saura.
Die Route kann mit der vorher beschriebenen Route 15 verbunden werden.

Zeit:
ungefähr 3h 30m (Hin- und Rückweg)

Cala Pilar
Cala Carbó

Die wegen ihrer Lage in einer dünnbesiedelten Gegend und des halbstündigen Fußwegs vom nächstgelegenen Parkplatz abgeschiedene **Cala Pilar** birgt trotzdem (oder gerade deshalb) einen sehr beliebten Strand. Ein empfehlenswertes zusätzliches Ausflugsziel ist der links von diesem Sandstrand liegende andere „Strand“ aus großen Kieselsteinen, den *macs* (Route 13 auf S. 80)

Die **Cala Carbó** ist ein weiterer geheimer Ort der „Nordküstenexperten“. Am besten ist sie vom Meer oder der benachbarten Bucht von Algaiarens aus zu erreichen

Die Gruppe, die die Strände **Es Bot** und **Es Tancat** (Algaiarens) und der benachbarte Strand **Platja de ses Fontanelles** bilden, stellen zusammen mit dem Tal **La Vall** den prächtigen Abschluss einer der interessantesten Regionen Menorcas dar. Dahinter befindet sich der **Codolar de Biniatram**

Algaiarens hat nicht nur einladende saubere Sandstrände mit kristallklarem Wasser zu bieten, sondern ist auch von einer wunderschönen Landschaft mit Dünen und Marschen umgeben

Algaiarens
Cala Morell | Punta Nati

An dieser immer mehr zerklüfteten Küste bietet die tiefe Bucht von **Cala Morell** kleinen Booten einen günstigen Ankergrund. Einige zwischen den Gebäuden der Siedlung liegende Höhlen deuten darauf hin, dass dieser Ort bereits vor langer Zeit besiedelt war

Punta Nati ist ein unwirtlicher Ort. Die Plattform, auf der der Leuchtturm steht, ist von hohen, steilen Abhängen umgeben, der Boden besteht aus mit spärlichem Gestrüpp bewachsenen Gestein, und die einzigen Gebäude sind die merkwürdigen *ponts*, die als Unterstände für das Vieh dienten. Trotzdem beeindruckt der Ort gerade durch seine Trostlosigkeit

Der hinter dem **Cap de Bajolí**, dem westlichsten Punkt der Insel gelegene natürliche Felsbogen **Pont d'en Gil** scheint das Tor zu einer verborgenen Bucht zu sein

Nördlich von Ciutadella erheben sich die Touristenkomplexe wie Festungen, die den schmalen Zugang zum Meer in **Cala en Forcat** zu verteidigen scheinen

Cala en Forcat
Pont d'en Gil | Cala en Blanes

Die **Cala en Brut** ist eigentlich eine Flussmündung mit nur wenig Sandfläche. Von den Badegästen werden die mit Zementplatten befestigten Ufer trotzdem zum sommerlichen Sonnenbad genutzt

Die **Cala en Blanes** ist schmaler und länger als die bisher beschriebenen Buchten. Durch die Nähe zu Ciutadella hat sie allerdings mit den anderen gemeinsam, dass sie im Sommer das Schild „ausgebucht" aushängen kann

Die zentral gelegene gotische Kathedrale beherrscht als stumme Zeugin der Bedeutung der Stadt über die Jahrhunderte das historische **Ciutadella**. Aber um sie herum geht das Wachstum unaufhaltsam weiter, ein Wachstum, das Notwendigkeiten deutlich macht, die mittlerweile unvermeidlich zu sein scheinen. So zum Beispiel müssen, wie viele glauben, die Kapazitäten des Hafens erweitert werden, da immer mehr Anlegeplätze und Infrastruktur für die kommerzielle Seefahrt und für den Freizeitsport benötigt werden

Ciutadella

Santandria ist eine schmale, lange Bucht, ein Erholungsgebiet mit Tradition für die Bewohner Ciutadellas. Zudem ist sie von historischer Bedeutung, da sie im 18. Jh. von den Franzosen als „Zufahrt" zur Stadt genutzt wurde

In der südlicher gelegenen **Cala Blanca** wird das Lokalkolorit bereits mit einer touristischen Nutzung kombiniert. Im Bereich um beide Buchten befinden sich verschiedene prähistorische Höhlen

An der Landspitze **Cap d'Artrutx** endet der Südwesthang der Insel. Das Gelände fällt hier allmählich zum „Kanal" ab, und der Leuchtturm blinzelt dem von Capdepera auf Mallorca zu

Cap d'Artrutx

Santandria | Cala Blanca | Cala en Bosc | Son Xoriguer

Von Westen aus gesehen ist die **Cala en Bosc** der erste Strand der Südküste. Er ist von neuen Hotels und touristischen Installationen umgeben, und die Lagune im Binnenland wurde zu einem Sporthafen umgebaut

Die Muschelform des Strandes von **Son Xoriguer** bildet die Grenze zwischen dem Touristenzentrum und der unbebauten Fläche, die sich daran anschließt

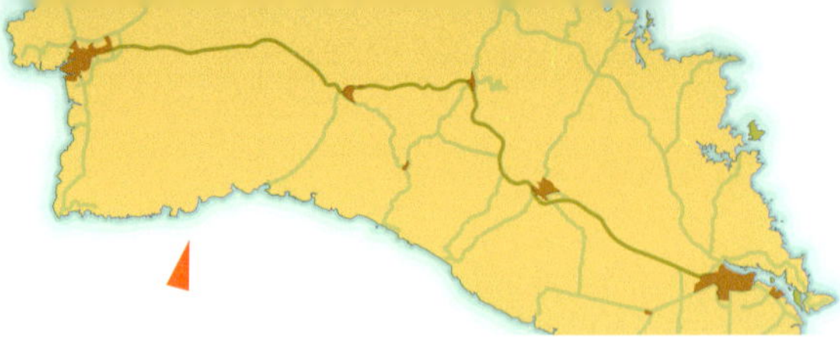

Son Saura hat den breitesten Sandstrand an der Südküste von Ciutadella. Diesen Strand kann man genauso wie die Strände von **Es Talaier**, **en Turqueta** und **Macarella** als „unberührt" einstufen, da diese glücklicherweise vom „Bebauungsstil" verschont blieben, der an der Küste vor einigen Jahren herrschte

Son Saura
Es Talaier | Cala en Turqueta

Es Talaier ist ein wundervoller Ort, gleich hinter der Punta del Governador, wenn man von Son Saura kommt (s. Route 17 auf S. 81). Wie an den benachbarten Stränden findet man hier weißen Kalksand. Dieser Strand wird gene zum Nacktbaden genutzt

Die **Cala en Turqueta** (hier abgebildet) und die **Cala Macarella - Macarelleta** (auf der nächsten Doppelseite) sind in dieser Gegend die beliebtesten Buchten. An den heißen Sommertagen kommen die Badegäste vom Land und vom Meer und die Strände werden ziemlich voll

Macarella | Macarelleta

Von **Cala Galdana** nach **Cala en Porter**

Cala Galdana

Cala Mitjaneta

Der zentrale Streifen des menorquinschen Südens zwischen dem Steilhang Barranc d'Algendar, der die Gemeinden Ciutadella und Ferreries begrenzt, und dem Steilhang von Cala en Porter, der sich bereits im Bezirk Alaior befindet, ist durch eine Reihe von Wasserläufen gekennzeichnet, die sich auf ihrem Weg zum Meer allmählich immer tiefer in den Kalksteinboden eingefressen haben.

Das Küstenprofil, das in Cala Galdana relativ hoch beginnt, fällt in Richtung der Strände von Binigaus allmählich immer weiter ab. Dort beginnt die fast ununterbrochene Kette der meistbesuchten Strände Menorcas: Sant Adeodat, Sant Tomàs, Alalitx, Son Bou. Hinter Son Bou beginnt mit der natürlichen Wand des Cap de Ses Penyes wieder die Steilküste.

Cala Galdana
Cala Trebalúger
Sant Tomàs
Son Bou
Cala en Porter

Cala Trebalúger

Strand von Binigaus

Cova d'en Xoroi, in Cala en Porter

Die schönen Buchten Cala Mitjana, Cala Trebaluger, Cala Fustam und Cala Escorxada mit ihrem ruhigen, sauberen Wasser machen den Reiz dieser Region aus. Und die Cala Galdana ist trotz der Bebauung das Sinnbild dieser einzigartigen menorqinischen Landschaft geblieben.

Kleine Buchten mit smaragdgrünem Wasser, Pinienhaine, die bis ans Wasser heranreichen und willkommenen Schatten spenden, eine üppige Vegetation und Süßwasserquellen in den Bachtälern... In anderen Worten, ein wahrer Traum.

Zu diesem Paradies mit seinem vielfältigen Angebot kleiner Buchten und ausgedehnter Strände gelangt man von Ferreries, Es Migjorn und Alaior aus, je nachdem, wo man letztlich hin möchte (s. Karte und Routenbeschreibungen). Dort, wo sich Hotelbetriebe befinden (Cala Galdana, Sant Tomàs, Son Bou) ist das Serviceangebot logischerweise besonders breit.

Ausflüge
zu Fuss oder mit dem Fahrrad

Von **Cala Galdana** nach **Cala en Porter**

18
Ferreries
Barranc d'Algendar

19
Cala Galdana
Cala Trebalúger

20
Cova Na Polida
Cova des Coloms

21
Sant Adeodat
Cala Escorxada
Cala Fustam

22
Es Migjorn
Binigaus

23
Sant Tomàs
Basilika Son Bou

es Mercadal
es Migjorn Gran
Alaior
sa Roca
Son Bou
Sant Tomàs
Torre Solí
Sant Jaume
Llucalari
Cala en Porter
Cales Coves
Son Vitamina
es Canutells
la Argentina
la Trotxa
es Llumenes
Camp Siquiat
Llucatx
Mota Gran
Coves Velles
Penya des Corb
es Caragol
Planes de s'Albaida
Albaida
Pujol Roig
Sant Joan des Horts
Montnegre
168
el Toro
358
Mare de Déu del Toro
Puig de s'Ermità
238
235
190
94
172
Roca des Frare
202
Puig Mal
214
Font Redona
238
136
es Coster des Pastor
s'Atalaia
Rafal Roig
els Amaradors
es Becs
es Barranquet
Terres Noves
Biniguarda
Santa Ponça
sa Mola
Torralba
Torre d'en Gaumés
ses Torres Llises
Torre Llissà
So na Caçana
Biniadrix
Cova des Coloms
Sant Agustí
Cova de na Polida
Santa Mònica
Binicodrell
Basílica de Son Bou
es Prat
sa Torre Nova
Fita de sa Torre Vella
Platges de Son Bou
Platja de Sant Tomàs
Punta d'Atàlitx
Punta Rodona
Cap de ses Penyes
Caleta de Llucalari
Cova de sa Calç
Punta de Sant Llorenç
Caleta de Sant Llorenç
Roca de s'Aigua
Racó de sa Talaia
Llenegall de s'Aigua
Morro Esclafat
Cala en Porter
Cova d'en Xoroi
Cova de Sant Josep
Morro de Ponent
Cales Coves
Morro de Llevant
na Blanca
es Maresosa
na Mala
na Calenta
Penyes d'Alaior
Barranc de Binigaus
Barranc de Torre Vella
Barranc de Cala en Porter
Torrent de Son Boter
20
21
22
23

Ausflüge zu Fuss oder mit dem Fahrrad

Barranc d'Algendar

Cala Trebalúger

Cova des Coloms

18
Ferreries
Barranc d'Algendar

Ein weiterer Weg zur Schlucht von **Algendar** (Route 15 auf Seite 80). Kurz hinter der Abzweigung nach Cala Galdana biegt man auf eine abschüssige Strecke nach links ab. Es handelt sich um ein asphaltiertes Sträßchen, das über Anhöhen hinwegführt und die Aussicht auf die Berge von **S'Enclusa** im Norden bietet. Wir halten uns in Richtung der Südküste bis **Es Canaló**, wo wir das Auto stehen lassen und zu Fuß zum Bach weitergehen. Es lässt sich ein radikale Veränderung in der Vegetation erkennen, wenn man die Schlucht betritt. Hier scheint alles zu wachsen: Schilf, Obstbäume, Lianen, Palmen... Nachdem wir den Wasserlauf überquert haben, können wir die vorher beschriebene Route in entgegengesetzter Richtung weitergehen, wenn wir uns am Zielpunkt abholen lassen.

Zeit:
ungefähr 1h (Hin- und Rückweg) für den Fußweg

19
Cala Galdana
Cala Trebalúger

Der Weg beginnt im oberen Teil der Siedlung und führt durch einen Pinienhain zunächst nach **Cala Mitjana** und dann nach **Trebalúger**. Wer Lust hat, weiterzugehen, kann die Route 22 (in entgegengesetzter Richtung) anschließen und die Wanderung am Strand von Sant Adeodat enden lassen.

Zeit:
ungefähr 3h (Hin- und Rückweg)

20
Cova na Polida
Cova des Coloms

Um zu diesen interessanten Höhlen zu gelangen, begeben wir uns vom Parkplatz von **Sant Adeodat** aus in Richtung der Strände von **Binigaus**. Am mittleren Teil der Strände angekommen, geht es in Richtung Landesinnere und Schlucht weiter. Nach ungefähr 300 m lassen wir das Hauptbett links liegen und folgen dem Weg. Nach 500 m erreichen wir eine Abzweigung, die zur anderen Seite hinüberführt, wo sich die erste der Höhlen befindet. Es handelt sich um die Höhle **Na Polida**. Um ihre marmornen Stalaktiten, von denen leider viele gestohlen wurden, zu betrachten, benötigt man eine Laterne. Wir kehren auf die linke Seite zurück, um nach wiederum etwa 500 m erneut zu kreuzen und die Höhle **des Coloms** zu besichtigen. Sie ist wegen ihres spektakulären, 24 m hohen Eingangs auch als Sa Catedral bekannt. Archäologische Funde scheinen die Vermutung zu bestätigen, dass sie in der Vorgeschichte als Sanktuar genutzt wurde.

Zeit:
ungefähr 2h 30m (Hin- und Rückweg)

Strand von Sant Adeodat

Binigaus

Basilika Son Bou

21
Sant Adeodat
Cala Escorxada
Cala Fustam

Der Spaziergang führt zunächst an den Stränden von Binigaus entlang. Hinter dem Kiosk, der sich am Ende befindet, beginnt ein Pinienwald, der bis **Escorxada** reicht. Es besteht die Möglichkeit, die Route 24 in umgekehrter Richtung einzuschließen.

Zeit:
ungefähr 2h 30m (Hin- und Rückweg)

22
Es Migjorn
Binigaus

Ein alternativer Zugang zum Strand von **Binigaus**, der für sich schon einen schönen Spaziergang darstellt, wobei der letzte Abschnitt, der in die gleichnamige Schlucht hinabführt, besonders ansprechend ist. Landschaftlich interessant. Mit dem Auto gelangt man bis Binigaus Nou.

Zeit:
ungefähr 1h 30m (Hin- und Rückweg)

23
Sant Tomàs
Basilika Son Bou

Diese Route führt von einem Ende der beiden Strände zum anderen (wobei man um die Außenanlagen des beim ersten Strand befindlichen Hotels herumlaufen muss) und stellt einen interessanten Spaziergang für alle dar, die das Herumliegen in der Sonne langweilt. Die Landspitze von **Atalitx** bietet einen schönen Ausblick auf **Son Bou**. Der Spaziergang kann mit der Besichtigung der Ruine der frühchristlichen Basilika beendet werden.

Zeit:
ungefähr 2h 30m (Hin- und Rückweg)

Cala Galdana

←
Blick von **Atàlitx** in das Landesinnere mit dem **Toro** im Hintergrund

Cala Galdana ist ein weiterer Name, der vielen Menorca-Liebhabern das Herz höher schlagen lässt. Die landschaftliche Umgebung der Bucht ist von großer Schönheit, die Flora und Fauna sind fast unberührt und die höheren Lagen sind von einem dichten Pinienwald bedeckt.

Die Kontur des Strandes ist so präzis gezogen, dass man sich fragt, ob hier alles mit rechten Dingen vor sich geht. Auf der ersten Aufnahme ist der Verlauf der Schluchten von **Algendar** und **Algendaret** zu erkennen, die allmählich zum Meer führen, bis sie gemeinsam in der Bucht münden. Auf der zweiten Aufnahme sieht man das übermächtige Hotel, das in der ersten Phase der urbanistischen Erschließung am Steilhang errichtet wurde.

Auf den vier Aufnahmen dieser Seite sind die südlichen Buchten deutlich zu erkennen. Es handelt sich um die aufeinanderfolgenden Mündungen von Schluchten, deren kleine Strände von Pinienhainen umgeben sind und deren klares Wasser stets türkisfarben ist. Auf dem ersten Bild ist die **Cala Mitjana** zu sehen

Die fruchtbaren Böden des **Barranc de sa Cova** (bzw. de Son Fideu), bevor die Schlucht das Meer erreicht, werden als Gärten und Äcker genutzt. Der am Ende der Schlucht gelegene **Trebalúger**-Strand wird zwar recht gerne besucht, trotzdem kann man ihn als einen der „unberührten" Strände betrachten

Trebalúger

Cala Mitjana | Cala Fustam | Cala Escorxada

Eine weitere Ansicht des **Trebalúger**-Strandes, auf der zu erkennen ist, dass er sich wie eine Trennlinie zwischen Bach und Meer erstreckt. Der Bach staut sich hier, solange seine Wassermenge nicht zunimmt, was im Sommer normalerweise nicht der Fall ist (Route 20. S. 100)

Zwischen den Buchten **Fustam** und **Escorxada** liegt die Punta de Sant Antoni. Trotzdem werden sie aufgrund ihres geringen Abstands meist gemeinsam genannt. Auffällig ist die Üppigkeit des Pinienwaldes hinter den Buchten, die in die neue Liste der geschützten Gebiete aufgenommen wurden (Route 22. S. 101)

Im zentralen Teil der Südküste gibt es einen Abschnitt, auf dem sich die typische Schlucht-Bucht-Konfiguration ändert. Das immer flachere Gelände endet nicht mehr in Steilhängen, das Schwemmland erlaubt den Ackerbau, und zwischen den Äckern und dem Strand liegt eine schmale Dünenkette. Dieser Abschnitt beginnt mit den **Binigaus**-Stranden

Hinter den Klippen von Codrell gelangt man zu den Stränden von **Sant Adeodat** und **Sant Tomàs** in einem Gebiet mit Hotels und Siedlungen. Die Weite dieser Perspektive erinnert uns daran, dass wir uns auf einer Insel befinden

Son Bou

Binigaus | Sant Tomàs | Atàlitx

Von der **Punta d'Atàlitx** aus hat man einen guten Rundblick über den ganzen Sandstrand von Son Bou. Hinter den Äckern liegt ein Pinienhain, der einzige Ort, an dem man an heißen Sommertagen Schatten findet. Der Sandstreifen ist hier schmaler, seine Abgeschiedenheit macht ihn aber unter FKK-Anhängern sehr beliebt

Son Bou ist der längste Strand (fast 4 km Sand)... und der meistbesuchte. Aufgrund seiner Größe und der guten Infrastruktur im erschlossenen Teil (u.a. gibt es hier einen Wasservergnügungspark) ist er besonders für Familien mit Kindern geeignet. An einem Ende des Strandes befindet sich die Ruine einer frühchristlichen Basilika

Son Bou

Hinter dem am Ende des Strandes Son Bou gelegenen Cap de Ses Penyes beginnen erneut die kleinen Buchten in den Steilküsten. Hier sehen wir die **Cala Sant Llorenç** an der Mündung der Schlucht Barranc de Sa Torre Vella

Während der Mensch versucht, die dünne Erdschicht zu nutzen, untergräbt das Meer die Fundamente des großen Kalksteinblocks. Zur Linken erinnert die Ruine des Wachturms **Sa Torre Nova** daran, dass man hier einst die Angriffe der Piraten fürchtete

Cala en Porter

Cala Sant Llorenç | Sa Torre Nova

Cala en Porter war aufgrund seines großen Strandes eine der ersten Buchten, die für touristische Zwecke erschlossen wurde. In der zum offenen Meer gerichteten Steilwand wurden einige natürlich entstandene Höhlen als Diskothek, **„Cova d'en Xoroi"** hergerichtet, die wegen ihrer Lage und der Aussicht, die sie bietet, wohl recht einmalig ist

Geometrisches Muster der Einfriedungen, die Nutzflächen und Besitz begrenzen: Die Aufteilung in *tanques* (eingefriedete Flurstücke) ist bestens zur Identifikation Menorcas aus der Vogelperspektive geeignet

Von **Cales Coves** nach **Cala Sant Esteve**

Binibeca Vell

Die Strand von Binibèquer

Diese Region wird von der Schlucht von Cala En Porter, die von Alaior aus nach Süden führt, und der imaginären Linie vom Hafen von Maó zum Ort hin begrenzt. Die Landschaft ist sehr flach, aber dennoch abwechslungsreich, und außer am Küstenstreifen gibt es nur wenig bewaldete Zonen.
Zur feuchteren Jahreszeit überwiegt das Grün der Weiden, während sonst knorrige Wildoliven das Bild beherrschen.
Dort allerdings, wo die Ebene in Form eines sanften Hügels zum Meer hin abfällt, ist der Bewuchs typisch mediterran, und man findet Pinien und Steineichen.

Cales Coves, Canutells, Binidalí und Biniparratx sind Strände, die von einer hohen Steilküste umgeben sind. Zwischen Binissafùller und der Punta Prima nimmt dann die Höhe ab, die Küste bleibt aber zerklüftet und felsig. Der Sandstrand der Punta Prima gegenüber der Illa de l'Aire ist sehr lang. Von hier bis zur Cala Sant Esteve vor dem Hafen von Maó sieht man von der hohen Ostküste, die nur von den Buchten Cala Alcaufar, S'Algar und Rafalet unterbrochen wird, die Sonne aufgehen.

Cales Coves
Cala des Canutells
Cala Binibèquer
Punta Prima
Alcalfar

Punta Prima

Leuchtturm von Illa del Aire

Cala Rafalet

Der größte Teil dieser Küste gehört zur Gemeinde Sant Lluís, ebenso wie zahlreiche Siedlungen und einige kulturell und touristisch sehenswerte Weiler. Die Gemeinde hat mit der Restaurierung des sogenannten „Camí de Cavalls", eines alten Küstenweges, begonnen, dessen erster Abschnitt zwischen Punta Prima und Alcaufar verläuft.

Ausflüge
zu Fuss oder mit dem Fahrrad

Von **Cales Coves** nach **Cala Sant Esteve**

24
Cales Coves

25
Forma Nou
Caparrot de Forma

26
Sant Climent
Camí de Cotaina
Torre Llisà

27
Punta Prima
Barranc de Rafalet

28
Sant Lluís,
Llucmassanes
und weiler

Santa Rosa
Turdonell de Dalt
sa Torre Blanca
Torre Blanca
Cala de sa Torreta
Cap de Mestral
Illa d'en Colom
Cap de LLevant
Cala des Tamarells
Turdonell de Baix
Estància de Turdonell
Estància des Prat
saTorre Blanca
es Banyuls
es Prat
Escola Tramuntana
sa Sella
Punta Fra Bernat
Platja des Grau
sa Boal Vella
Illots de sa Cudia
Santa Mariana
s'Albufera
es Grau
Ermita de Fàtima
Punta de sa Cudia
sa Boal Nova
sa Cudia Nova
Punta de sa Galera
sa Muntanyeta
s'Hort Nou
sa Boaleta
Sant Carles
Pont Modorro
sa Bassa
es Violar
sa Mola
ses Salvatges Primes
Caló de ses Mandries
es Palmer Vell
Cala Grau
Sant Simó
es Palmer Nou
sa Cudia Vella
ses Salvatges Fondes
Sant Ramon
Caleta de Binillautí
s'Esqueller
es Planàs
Son Cardona
ses Piquetes
Son Mir
Biniarroga Vell
Palafanguer de Baix
Milà Nou
Macar de Binillautí
en Bombarda
na Bona
Estància de Milà
Binillautí Nou
Biniarroga Nou
Milà Vell
s' Esquena d'Ase
Santa Catalina
Palafanguer de sa Barrera
Binillautí Vell
Rafal Nou
es Milà
sa Raconada Vella
Teresa
Biniarroga
Binillautí
es Pa Gros
Rafal Vell
Milà
92
Illots de sa Mesquida
Algarrova
Biniaixa
Torre de sa Mesquida
Cala Mesquida
es Patrons
Serra Morena
sa Mesquida
Punta de sa Bateria Vella
Son Pons
Llibertó Vell
Algarrovet
Agotars
Sant Isidre
Punta Negre
Biniai Nou
es Barranc de Biniai
Rafal Colom
es Murtar
Cala es Murtar
Binisarmenya
sa Granja
Cap Negre
Pla dels Vergers
Alfavaret
Sant Antoni
els Escullots
Talatí de Baix Nou
Son Petit
Sant Joan dels Vergers
sa Colàrsega
Cala Rata
Cala Llonga
Talatí de Dalt
ses Àligues
Torelló d'en Mir
Son Cardona Nou
Maó
Cala Figuera
Illa del Rei
Torelló d'en Biel
Curniola
el Fonduco
Cala Corb
Punta de ses Bancades
Fornàs de Torelló
es Fornàs
Curnia
Illa Quarentena
Son Vilar
es Castell
es Freus
Torelló
Torelló Vell
na Ferranda
Robadones
Horizonte
Cala Teulera
la Mare de Déu
Cales Fonts
Illa del Llatzeret
La Mola
la Mola
Punta de s'Esperó
26
Mussupta de Baix
sa Cúdia Cremada
Son Tudurí
Santa Anna
Santa Ana
72
sa Casa Nova
Santa Margarida
Trepucó
Son Granot
Malbúger Vell
s' Ereta
Santa Cecília
Son Bialí
Sol del Este
Punta de na Nega James
Son Amat
Noria Riera
Punta de Sant Felip
es Clot
Llucmassanes
Aeroclub de Sant Lluís
Binifaufa Vell
Castell de Sant Felip
na Xenxa d'en Borràs
Torre Vella
Punta de Sant Carles
Mussupta Nou
Cala Sant Esteve
Aeroport de Menorca
Hipòdrom
Torraixa des Pi
Son Tretze Nou
Biniarroca
Sant Llorenç
Fort Marlborough
Sant Joan de Binissaida
s'Esbrufador
Santa Catalina
Sant Antoni Verd
Torraixa de sa Figuera
ses Aubertones
Matxaní Gran
Biniparrell
Torre d'en Penjat
Baix d'en Jaume
ses Cometes
Binissaida
Biniparratx Petit
Trebalúger
Trebalúger
Binissaida de sa Torre
Caló des Vi Blanc
Santa Rita
Trebalugeret
na Girada
sa Parereta
sa Cigonya
Sant Lluís
Binirramet
Pou Nou
Son Vidal
Binisafúller d'en Cardona
Binisafuet
Son Blanc
Rafalet Petit
Rafalet Vell
Rafalet Nou
Biniparratxet
Rafaletó
es Sòtil
S'Ullastrar
28
es Consell
So n'Aritja
es Rafalet
Binisafúller de Baix
Biniali
Barranc des Rafalet
es Niu de Falcons
Biniparratx Gran
Torret
es Camp Sarc
s'Olivera
Son Bonaventura
Caló des Rafalet
Binibèquer Vell
Costa des Còdol
So n'Abatzer
Biniancolla
Binisafúller Nou
Binisafúller de sa Torre
Alcalfar Vell
s'Algar
Alcalfar Nou
Punta Rafalet
Cap d'en Font
Santa Rosa
Alcalfar
s'Algar
Binibèquer Nou
Binibèquer
Torret de Baix
Alcalfar de sa Cala
Cala d'Alcalfar
Torret
Morro d'Alcalfar
Caló Blanc
73
Binibeca Vell
Torret de Baix
Racó des Llexiu
sa Serreta
Son Remei
27
na Foradada
Cala de Binisafúller
Illot de Binissafúller
Caló Fondo
Cap d'en Botifarra
Caló d'en Fust
Caló d'en Morlà
Biniancolla
Son Ganxo
Punta dels Mabres
Platja de Punta Prima
Cala de Binibèquer
Caló de S'oli
Racó d'en Bruixa
Cala de Biniancolla
Punta Prima
Costa d'en Sivineta
Punta des Milans
es Moll
Illot des Cagaire
Cap de Llevant
Illa de l'Aire

Ausflüge zu Fuss oder mit dem Fahrrad

Cales Coves

Caparrot de Forma

Die Haus von Cotaina

24
Cales Coves

Wir verlassen die Landstraße von Sant Climent nach Cala en Porter auf dem Zubringer zur Siedlung Son Vitamina. Es ist empfehlenswert, das Auto auf dem neuen Abschnitt zu parken und zu Fuß hinunterzugehen. Die vielen Grabhöhlen in den Steilwänden machen die doppelte Bucht mit ihrem ruhigen Wasser noch reizvoller. In Kürze soll diese Bucht als nationales, historisches und künstlerisches Monument geschützt werden.

Zeit:
ungefähr 1h (Hin- und Rückweg)

25
Forma Nou
Caparrot de Forma

Von der Landstraße nach **Cala Canutells** biegt man auf Höhe des Casa de Forma Nou nach links ab. Dann geht es ein kleines Stück zur Steilküste weiter, wo man Steinzeithöhlen besichtigen kann und zur Landspitze Morro d'en Toni gelangt, von der aus man nach von rechts und links einen beeindruckenden Ausblick auf die menorquinische Südküste hat.

Zeit:
ungefähr 30m (Hin- und Rückweg)

26
Sant Climent
Camí de Cotaina
Torre Llisà

Diese Route führt uns die typische Agrarlandschaft und Architektur in einer Region vor Augen, in der kaum Veränderungen stattgefunden haben. Man fährt bis zu den Häusern von Algendar, wo man nach links abbiegt. Von hier aus führt der Weg über Son Orfila und Mompple allmählich hinauf zum höchsten Punkt von **Cotaina**. Man kreuzt die Landstraße von Alaior nach Cala'n Porter und fährt weiter bis zum Hof **Torre Llisà**, wo ein Schild auf eine merkwürdige *taula* hinweist. Man sollte das Auto an der Einfahrt parken und zu Fuß weitergehen, um die Arbeit auf dem Hof nicht zu stören.

Barranc de Rafalet

Kirche von Llucmassanes

27
Punta Prima
Barranc de Rafalet

Vom (in Richtung Meer gesehen) linken Ende des Strandes aus folgt man der Küstenlinie bis zu einem alten Festungsturm und dem **Caló Roig**. Auf dem ganzen Weg hat man eine schöne Aussicht auf die **Illa de l'Aire** und ihren Leuchtturm. Bald erblickt man **Alcalfar** und einige Häuser, die sich an die Bucht und den Felsen lehnen, der die Bucht schließt.
Diese kleine Siedlung wird Es Torn genannt. Zurück auf der Landstraße nach Sant Lluís nimmt man eine Abzweigung nach rechts, die schnell auf die Zufahrt nach **S'Algar** führt. Man durchfährt die Siedlung und folgt dem nicht asphaltierten Weg bis hinter die letzten Häuser, wo man die Schlucht erreicht. Der Abstieg durch den Steineichenwald ist Balsam für mögliche Ermüdungserscheinungen. Die Wände der Schlucht werden am Meeresufer zu einer beeindruckenden Steilküste. Eine schmale lädt Wasserzunge zum Bad ein.

Zeit:
ungefähr 3h (Hin- und Rückweg)

28
Sant Lluís
Llucmassanes und weiler

Man verlässt Sant Lluís in Richtung Punta Prima. Die erste Abzweigung nach rechts ist die Einfahrt zum pittoresken Gehöft **Torret**, ein gut erhaltenes und gepflegtes Anwesen. Man durchquert es und gelangt zur Landstraße, die von **Binibèquer** nach **Binisafúller** führt. Ihr folgt man über **S'Ullastrar** bis zum *talaiot* von **Binisafuet**, wo sich eine kleine *taula*, ein *talaiot* und andere Überreste einer prähistorischen Siedlung befinden. Von hier aus nimmt man einen asphaltierten Weg nach rechts und biegt kurz hinter dem Restaurant „Sa Parereta" erneut nach rechts ab, um so zur Kreuzung von Biniparrell zu gelangen und die alte „Volta d'es Milord" zu vollenden. Von der Kreuzung aus fährt man nach links in die kleine Ortschaft **Llucmassanes**. Möchte man nicht nach Sant Lluís zurückkehren, dann führen von hier zwei Wege zur Landstraße von Maó – Flughafen.

Cales Coves

←
Die Schlucht **Cala en Porter** ist die westliche Begrenzung der Region, die imfolgenden beschrieben wird. Im Vordergrund sieht man die Felswände der Steilküste, die Treppe und die Terrassen der **Cova d'en Xoroi**

Die **Cales Coves** (Höhlenbuchten) verdanken ihren Namen den vielen, in prähistorischer Zeit in ihre Wände gegrabenen Löchern. Man nimmt an, dass sie ursprünglich als Grabstätten dienten, in der näheren Vergangenheit wurden sie aber mitunter auch als provisorische Behausungen genutzt. Oft gehen in diesen bezaubernden, windgeschützten Buchten Sportboote vor Anker (s. Route 24, Seite 116)

Der Ort **Cala Canutells** ist in der letzten Zeit stark gewachsen. Anwohner von Sant Climent und Maó waren die ersten „Siedler" an diesem Strand, der im Laufe der Zeit jedoch seinen familiären Charakter den neuen Gegebenheiten anpassen musste

Folgt man der Küstenlinie auf dem Meer, so lassen sich unter und an den steilen Felswänden zahlreiche Höhlen entdecken, in denen Wildtauben zu nisten pflegen

Canutells
Caparrot de Forma | Binidalí

Einen weiteren hervorragenden Aussichtspunkt über diesen Abschnitt der Südküste stellt der Fels dar, der **Binidalí** westlich begrenzt. Der Strand ist im Vergleich mit der Größe der Bucht zwar klein, aber es gibt kleine Steinterrassen und Felsvorsprünge, auf die sich die Strandurlauber gerne legen

In **Biniparratx** zeichnet das Meer einen Winkel zwischen den hohen Wänden der Steilküste, was die Bucht zu einem guten Ankergrund für Notfälle macht. Schluchteinwärts finden sich Höhlen wie die von Cales Coves

Ab dem **Cap d'en Font** reiht sich entlang der Küste von Sant Lluís eine Siedlung an die andere. Die Bucht von **Binissafúller** (im Vordergrund) ist einer der Orte, an denen sich bis vor kurzem lediglich einige Wochenendhäuser befanden, die inzwischen aber von Ferienhäusern umgeben sind

Binibèquer
Biniparratx | Cap d'en Font | Binisafúller

Viele Touristen besuchen das Fischerdorf „Poblado de Pescadores de **Binibeca Vell**" mit seiner einzigartigen Architektur. Man hat sich hier bemüht, die typischen, volkstümlichen Wohngebäude des Mittelmeerraums in authentischer Weise nachzubauen

Der nicht weit vom obengenannten Ort entfernte Strand von **Binibèquer** ist ein angenehmer Sandstrand, der durch eine Landspitze mit dem Namen Morro d'en Xua geschützt wird. Kurz dahinter liegt die kleine **Cala Torret** mit der gleichnamigen Siedlung

Binibèquer

Biniancolla ist die letzte kleine, nach Süden weisende Bucht. Die ältesten Gebäude sind teilweise über dem Wasser errichtet, so dass die Boote in die unterste Etage einfahren können

Punta Prima wurde von den Briten auf den zutreffenden Namen „Sandy Bay" (Sandige Bucht) getauft. Der traditionell von menorquinischen Sommergästen frequentierte Ort wuchs nach der Eröffnung eines großen Hotels. Momentan ist die Modernisierung der Infrastruktur im Gange

Die **Illa de l'Aire**, deren höchster Punkt – dort, wo der Leuchtturm steht – sich nur knapp 15 m über den Meeresspiegel erhebt, ist in vielerlei Hinsicht einzigartig. Besonders erwähnenswert ist jedoch, dass sie Lebensraum für eine einheimische schwarze Echsenart bietet

In der kleinen **Cala Alcalfar,** wo schon früher bereits einige Bewohner Sant Lluís' ihren Urlaub zu verbringen pflegten, entstand das erste speziell auf den Tourismus ausgerichtete Hotel der Insel. Der Wachturm zeigt die strategische Bedeutung an, die die Bucht einst besaß

S'Algar hat Tradition. Die Siedlung befindet sich auf einer vom Meer geformten steinigen Landzunge. Es gibt keinen Strand, aber dieses Manko wird durch ein umfassendes Freizeit- und Sportangebot ausgeglichen. Etwas hinter dem Ort verbergen hohe Steilküsten die winzige Bucht Cala Rafalet

In der Bucht **Cala Rafalet** ist der Sandstrand kaum groß genug, um darauf ein paar Handtücher auszubreiten. Das letzte, mit Steineichen bewachsene Stück des Steilhangs und der Blick über die schroffen Klippen sind jedoch Grund genug für einen Abstecher zu dieser Bucht

Die **Cala de Sant Esteve** ist von alten Festungsanlagen umgeben. Das rechts im Bild zu erkennende Fort Marlborough wurde restauriert und für Besucher geöffnet; ebenso das Militärmuseum, das in einem der wenigen noch erhaltenen Gebäude des legendären Castell de Sant Felip eingerichtet wurde

Am Felsen **Mola de Maó** endet unser Ausflug. Die alten Festungen auf diesem Fels haben zwar aufgrund ihrer Größe und Lage ihr abschreckendes Aussehen bewahrt, sind jedoch heute nicht mehr von strategischer Bedeutung. Sie besitzen jedoch weiterhin einen hohen historischen Wert und sind zu einem beliebten Ausflugsort geworden. Die Landspitze Punta de s'Esperó wirkt heute eher wie eine friedliche Wächterin, die die Insel und ihre Kleinode beschützt

ROUTEN
MIT DEM AUTO

1
Von **Maó**
zur Siedlung **Son Parc**

2
Von **Alaior**
zum **Cap de Cavalleria**

3
Die Umgebung
von **Ciutadella**

4
Südostroute

5
Von **Mercadal**
zur **Cala Galdana**

Zeichenerklärung

- Leuchtturm
- Wachturm
- Strände
- Panoramablick
- Handelshafen
- Sporthafen
- Fischereihafen
- Steinbrüche von marès
- Mühle
- Einsiedelei, Kirche
- Campingplatz
- Tankstelle
- Airport
- Flugplatz
- Talayot-Siedlung
- Taula (Megalithdenkmal)
- Talayot
- Naveta (Megalithdenkmal)
- Höhlen
- Frühchristliche Basilika
- Landstraße
- Nebenstraße
- Asphaltierter Weg
- Straße in Wohngebiet
- Feldweg
- Pfad
- Bach

Illa des Porros
Cap de Cavalleria
Port de Sanitja
sa Talaia
Sanitja
Illes Bledes
Cala Barril
Cala Pregonda
Platja de Binimel·là
Platja de Cavalleria
Platja de Farragut
Cala Mica
CF-3
Cap de Fornells
Cala Tirant
Torre de Fornells
Fornells
Cala Tirant
ses Salines
Badia de Fornells
Arenal de Son Saura
Arenal d'en Castell
Son Parc
Punta Grossa
Arenal d'en Castell
na Macaret
Coves Noves
Addaia
Port d'Addaia
Illa Petita de Addaia
Illa Gran de Addaia
ME-7
ME-15
Sant Joan des Horts
ME-7
ME-11
es Mercadal
sa Roca
ME-1
ME-13
Mare de Déu del Toro
Ferreries
ME-20
Son Mercer de Dalt
ME-1
ME-16
es Migjorn Gran
Binicodrell
Santa Mònica
Cova des Coloms
ME-18
Sant Agustí
Cova de na Pulida
Sant Tomàs
Alaior
Santa Ponça
sa Mola
Torre Solí
San Jaume
Son Bou
Basílica de Son Bou
Llucalari
Platja de Binigaus
Platja de Sant Adeodat
Platja de Sant Tomàs
Platges de Son Bou
la Argentina
Torralba
Torre d'en Gaumés
ses Torres Llises
TorreLlissà
So na Caçana
sa Torre Nova
Rafal Rubí
ME-1
Cap de Favàritx
Platja d'en Tortuga
ME-7
Sant Lloreç de Binixems
sa Torre Blanca
Cala de sa Torreta
Illa d'en Colom
Platja des Grau
Ermita de Fàtima
s'Albufera
es Grau
ME-7
ME-5
Serra Morena
sa Mesquida
Cala Mesquida
es Murtar
Cala es Murtar
Cap Negre
ME-3
Sant Antoni
Cala Llonga
Sant Joan dels Vergers
Talatí de Dalt
Curnia
Maó
ME-2
es Castell
Punta de s'Esperó
La Mola
Torelló
es Fornàs
Sant Climent
ME-12
ME-14
Binixica
Llucmassanes
Robadones
Trepucó
Sol del Este
Castell de Sant Felip
Cala Sant Esteve
Fort Malborough
Torre d'en Penjat
ME-6
ME-8
Cales Coves
Cala en Porter
Son Vitamina
Cales Coves
Aeroport de Menorca
Cala en Porter
Cova d'en Xoroi
Cales Coves
Caparrot de Forma
es Canutells
Binidalí
Biniparratx
Cap d'en Font
Binisafuet
S'Ullastrar
Sant Lluís
Trebalúger
ME-10
Torret
ME-8
Alcaufar
Caló des Rafalet
s'Algar
s'Algar
Alcalfar
Cala d'Alcalfar
Binibeca Vell
Torret de Baix
Biniancolla
Son Ganxo
Punta Prima
Platja de Punta Prima
Cala de Binidali
Cala de Biniparratx
Cap d'en Font
Cala de Binisafúller
Cala de Biniancolla
Illa d'el Aire

1

Festung Isabel II in La Mola

Die Strand sa Mesquida

- La Mola
- Cala Mesquida
- Es Grau
- Favàritx
- Port d'Addaia
- Na Macaret
- Arenal d'en Castell
- Son Parc

Die Fahrt beginnt am inneren Ende des Hafens, **Sa Colàrsega**, von wo aus man über die Me-13 zur Festung Elisabeths II in **La Mola** gelangt. Die Landstraße führt oberhalb der Ferienhäuser von Cala Rata und Cala Sant Antoni hinter dem Elektrizitätswerk und der Marinebasis entlang; ganz in der Nähe liegt die berühmte „Golden Farm", eine Ferienvilla, von der gesagt wird, sie sei zeitweise von Lord Nelson bewohnt worden. Ihre im Kolonialstil und im typischen Englischrot gehaltene Fassade lässt sich besser von der anderen Seite des Hafens aus betrachten, während man von hier oder von der Siedlung **Cala Llonga** aus einen wunderschönen Blick über Maó und Es Castell genießen kann.

Etwas später gelangt man an die Tore der während der Herrschaftszeit Elisabeths II. gebauten Festung, die das zerstörte Castell de Sant Felip, das sich am gegenüberliegenden Ufer befand, ersetzen sollte. Der Besuch dieser Festung ist sehr empfehlenswert.

Von diesem Punkt, der Landenge von **Els Freus** aus können wir die Mauer sehen, die das **Llatzeret** umgibt. Seit der Eröffnung des Alfons-XII- bzw. Sant-Jordi-Kanals im Jahre 1900 befindet es sich auf einer Insel. Auf dem Rückweg zur Abzweigung nach rechts in Richtung Sa Mesquida lässt sich die Gegend insgesamt besser überblicken. Wir befinden uns auf einer mit flacher, widerstandsfähiger Vegetation bewachsenen Hügelgruppe, wo man, wie es heißt, die beste Kamille der ganzen Insel findet.

In **Sa Mesquida** stehen ein paar Ferienhäuser mit Liegeplätzen in der kleinen Bucht **Sa Rinconada**, und etwas weiter entfernt liegt der Strand, dem der Ort seinen Namen verdankt. Das Panorama wird von einem mächtigen Wachturm aus dem 18. Jh. beherrscht. Von hier aus kehren wir zum Hafen von Maó zurück, um uns auf der Me-5 der zweiten, nach **Es Grau** führenden Etappe zuzuwenden.

Diese Landstraße geht kurz hinter den zur Linken liegenden Gärten des **Pla dels Vergers** bzw. de Sant Joan von der Me-7 (Richtung Fornells) ab. Die Straße führt über hügeliges Gelände nach Norden und endet direkt bei Es Grau und seinen Stränden. Von hier aus kann man mit einem Boot sogar zur außerhalb der Bucht gelegenen **Illa d'en Colom** übersetzen. Das malerische Bild wird vom nahegelegenen, biologisch und landschaftlich interessanten Feuchtgebiet **S'Albufera** noch ergänzt (Route 2 auf Seite 44). Nun folgen wir dem Weg, bis wir zur Kreuzung mit der Me-7 gelangen und folgen dann dieser Landstraße, bis wir bei km 8 an der Wallfahrtskapelle **Ermita de Fátima** vorbeikommen.

500 Meter vom angegebenen Punkt entfernt biegen wir nach rechts auf die Cf-1 ab. Als Wegweiser dient uns ein merkwürdig anmutender, einsam auf der Ebene stehender Fels, der den Namen **Sa Sella** (Der Reitsattel) trägt. Am Ende dieser Landstraße erreichen wir das **Cap**

Es Grau von dem Weg nach sa Torreta aus gesehen

Leuchtturm von Favàritx

S'Arenal de s'Olla (Son Parc)

de Favàritx mit dem gleichnamigen Leuchtturm. Der letzte Abschnitt ist zwar in einem nicht sehr guten Zustand, aber die Fahrt wird mit dem Anblick der vom Meer gestalteten, außergewöhnlichen schwarzen Schieferlandschaft belohnt. Ein nicht asphaltiert Weg führt weiter zu den Stränden **Presili** und **Tortuga**.

Einmal mehr fahren wir in die Richtung zurück, aus der wir gekommen sind, um bei km 15 der Me-7 wiederum nach rechts abzubiegen. Der Weg, den wir einschlagen, führt uns nacheinander nach **Port d'Addaia** - eine enge, über 3 km lange, sich in einem herrlichen Wald hinein erstreckende Bucht - das Feriendorf **Na Macaret** - von jeher der bevorzugte Urlaubsort der Alaiorenser, die hier Häuschen und Boote haben - und zur Siedlung **Arenal d'en Castell** mit ihrem Strand und ihren Hotels, die im Zuge der kürzlichen sprunghaften Entwicklung des Tourismus entstanden sind.

Auch **Son Parc** ist ein bedeutendes Touristenzentrum. Hier befindet sich unter anderem der einzige Golfclub Menorcas sowie verschiedene Appartmentblocks, die den herrlichen Strand **Son Saura del Nord** oder Arenal de S'Olla umgeben. Wir beenden den Ausflug, indem wir auf der Alternativroute, die uns der **Camí Vell d'Alaior**, der alte Weg nach Alaior (auf den wir dort einbiegen, wo wir vorher nach Macaret und Addaia abgebogen waren) und der **Camí d'en Kane** bieten. Hier sehen wir nach unserem Ausflug an die Küste auch etwas von der Landschaft des Inselinneren, entdecken Steineichen- und Pinienwälder, Bauernhöfe und alte Herrenhäuser.

2 Von **Alaior** zum **Cap de Cavalleria**

Binimel·là

Cala Pregonda

- El Toro
- Binimel·là
- Pregonda
- Cavalleria
- Cala Tirant
- Fornells
- Sa Roca

Ausgangspunkt dieser Route ist der höhergelegene Teil Alaiors, wo der alte (inzwischen aber restaurierte und asphaltierte) **Camí d'en Kane** vor dem Stadtfriedhof entlangführt. Schon nach kurzer Zeit sehen wir, wenn wir uns auf diesem Weg in Richtung **Es Mercadal** bewegen, den **El Toro**. Wir fahren weiter durch einige Steineichenbestände und über die Ebene des **Pla d'Alaior**, aus der merkwürdige Felsformationen aufragen. In dieser Gegend ist die Viehzucht von großer Bedeutung.

Von Es Mercadal aus machen wir uns über eine kürzlich restaurierte, gewundene Straße auf den Weg hinauf zum höchsten Punkt der Insel. Diesen Aussichtspunkt sollte man unbedingt besuchen, denn wegen der Höhe und der Lage im Inselzentrum kann man ganz Menorca zu überblicken. In der Wallfahrtskapelle wird die Schutzheilige der Insel, die **Mare de Déu del Toro**, verehrt.

Auf dem Weg zurück in Richtung Es Mercadal fahren wir an der Abzweigung nach Fornells vorbei und statt dessen in den Ort hinein, wo wir Wegweiser zu den „Platges Costa Nord", den Stränden der Nordküste, entdecken. So gelangen wir auf den **Camí de Tramuntana**, auf dem wir die ländliche Umgebung auf uns wirken lassen und die wundervolle Aussicht auf den aufeinander folgenden Hügeln genießen. Hier wird die Sicht nicht, wie auf anderen Landstraßen, von Mauern behindert. Die Farbpalette ändert sich mit den Jahreszeiten, verlieht dabei aber nie ihren Reiz.

Die Fahrtrichtung und die neuen Wegweiser sind eindeutig, wir fahren in Richtung **Binimel·lá** und **Pregonda**. Die letztgenannte Bucht, die „Perle der Nordküste", besuchen wir jedoch nur, wenn wir genügend Zeit haben, da sie nur zu Fuß erreichbar ist (s. Route 10 auf Seite 63). Binimel.lá allein ist schon den Anfahrtweg wert und bietet die Möglichkeit zu einem Bad im Meer oder einer Erfrischung am Strandkiosk.

Den nächsten Stopp legen wir am **Cap de Cavalleria** ein, einem beeindruckenden Ort, an dem die Auswirkungen des Nordwinds Tramuntana deutlich wahrzunehmen sind. Der spärliche Bewuchs des felsigen Geländes, das von einem Leuchtturm beherrscht wird, wird regelmäßig von den Ziegen abgefressen. 90 Meter hoch erhebt sich die Steilküste hier über das Meer, und so bietet sich eine exzellente Aussicht über den ganzen Küstenabschnitt. Kurz vor der Ankunft konnten wir – bereits auf dem asphaltierten Streckenabschnitt – zur Linken den kleinen Hafen von **Sa Nitja** ausmachen, wo sich früher erst eine phönizische und dann eine römische Siedlung befanden. Die Landspitze Es Brau, die den Hafen auf der anderen Seite begrenzt, verdankt ihren zweiten Namen **Sa Torre** dem Wachturm, der sich auf ihr erhebt. Ganz in der Nähe befindet sich die Ruine einer frühchristlichen Basilika.

Leuchtturm von Cavalleria

Bucht von Fornells

Schon auf dem Weg nach Fornells können wir einen Halt in **Cala Tirant** einlegen, um den Strand und das Feuchtgebiet zu besuchen. Leider wird hier auch sehr viel gebaut.

Fornells ist der sicherste Hafen der Nordküste. In der weiten Bucht kann man surfen, ohne den Wind fürchten zu müssen. Aus dem ehemaligen kleinen Fischerdorf ist durch den Tourismus eine regelrechte Stadt geworden. Die alten Gassen laden zu einem beschaulichen Spaziergang ein, und an der Flussmündung kann man einen alten Wachtturm aus der Zeit der britischen Besatzung besuchen, der jetzt einen guten Aussichtspunkt darstellt. Und auch das typische Gericht, den Langusteneintopf (*caldereta de llagosta*) der in sämtlichen Restaurants der palmengesäumten Promenade serviert wird, sollte man sich nicht entgehen lassen.

Wir verlassen Fornells auf der C-723 (in Richtung Mercadal), biegen dann aber auf die Me-7 (Richtung Maó) ab, die uns zur Zufahrtsstraße nach **Sa Roca** führt. Auf dieser Straße, an deren Beginn sich die alte Wallfahrtskapelle Santa Ester befindet, durchqueren wir ein sehenswertes Waldgebiet und gelangen schließlich nach Alaior, dem Zielpunkt unserer Route.

3 Die Umgebung von **Ciutadella**

Cala Morell

Pont bei Punta Nati

- Punta Nati
- Cala Morell
- Algaiarens
- Cap d'Artrutx
- Son Saura
- Sant Joan de Missa
- Cala en Turqueta
- Cala Macarella
- Naveta des Tudons

Von Ciutadella aus kann man unmöglich auf einer einzigen Route das Binnenland und die drei Küsten des Gemeindegebiets im Norden, Westen und Süden kennen lernen. Für jede der im folgenden beschriebenen Routen muss man in den Ort zurückkehren.

Die erste beginnt bei der ehemaligen Festung Bastió de Sa Font und führt zunächst auf der Cf-5 bis zur **Punta Nati**. Die Landschaft, die man auf dieser Route sieht, ist karg und trostlos, sobald man die Gärten und Geräteschuppen hinter sich gelassen hat, aber gerade aufgrund dieser Kargheit auch sehenswert. Hinter dem Gut Torre Vella, in dessen Nähe sich einige *talaiots* befinden, gibt es nur noch Steine und Felsen, soweit das Auge reicht. Der Leuchtturm und die verlassenen Kasematten zu seinen Flanken beherrschen die Küste, deren Gestalt und Geschichte als dramatisch bezeichnet werden kann - letztere wegen der zahlreichen Schiffbrüche, die hier stattgefunden haben. Hier besteht übrigens durchaus die Chance, einige Paare des im restlichen Archipel bereits ausgestorbenen Schmutzgeiers im Flug zu beobachten. Darüber hinaus fallen die *ponts*, merkwürdige Bauten, die dem Vieh als Unterstand dienen, ins Auge. Kurz vor dem Leuchtturm steht ein sehr großer dieser Bauten, er weist nach außen sieben Ebenen auf und besitzt ein perfektes Gewölbe in seinem Inneren, das von seinem Erbauer gezeichnet und mit der Jahreszahl 1857 versehen wurde.

Für die zweite Route verlassen wir das Industriegebiet von Ciutadella in Richtung **Cala Morell** und **Algaiarens**. Die sich am Anfang dieses alten Camí de la Vall befindlichen ehemaligen Geräteschuppen dienen inzwischen als Wochenendhäuser und verfügen über Gärten und Obstbäume. Wenn wir den Festungsturm **Torre d'en Quart** ausmachen können, befinden wir uns bereits im Bereich der großen Gutshöfe. Hinter dem Turm nehmen wir die Abzweigung zur Siedlung **Cala Morell**. Schon bei der Ankunft sind dort die ersten, über die Wände der Schlucht verteilten Höhlen der prähistorischen Nekropolis zu sehen, deren Zugänge teilweise mit viel Mühe geschaffen wurden. Gewaltige, steile Felswände schützen die Bucht.

Wir kehren zur Kreuzung zurück, an der wir abgebogen sind, und fahren in der ursprünglichen Fahrtrichtung weiter nach **La Vall d'Algaiarens**. Dort besuchen wir einen großen Gutshof, deren Besitzer Familien aus Ciutadella, die in der Nähe des herrlichen Strandes im Wald zelteten, das Campen erlaubten. Inzwischen ist der Zugang nur noch bis 19 Uhr gestattet, nach wie vor kann man hier aber parken und die Umgebung genießen. Der dichte Pinienwald und das Feuchtgebiet wurden in die neue Liste ökologisch und landschaftlich interessanter Gebiete aufgenommen.

Kehren wir aber nach Ciutadella zurück: Nun verlassen wir die Stadt nach Süden auf der Me-24, die in der Nähe des Plaça dels Pins beginnt und parallel zur Ostküste verläuft. Rechts

Cala en Turqueta

Cala Macarelleta

Ciutadella

und links entlang der ganzen Straße stehen Häuser, und das Land ist ausgesprochen flach, ganz anders als das, was wir bisher in dieser Gegend kennen gelernt haben. Hinter der Siedlung **Cala Santandria** können wir einem Zwischenstopp einlegen, um **Cala Blanca**, den schönsten Strand der Gegend zu sehen; unser eigentliches Ziel aber ist das **Cap d'Artrutx**. Kurz vor dem Ende der Landstraße biegen wir auf die Straße ab, die um die Siedlung herumführt und auf der wir entlang der Küste zum Leuchtturm gelangen. Er ist im Gegensatz zu dem der Punta Nati an der Nordküste sehr niedrig und ragt kaum über den Meeresspiegel hinaus; seine Umgebung ist deswegen aber nicht minder steinig. An einem klaren Tag - also an fast allen Tagen - ist Mallorca in der Ferne auszumachen. Haben wir den Leuchtturm hinter uns gelassen, so können wir die Siedlungen Cala en Bosch und Son Xoriguer durchfahren, um zu dem Strand zu gelangen, der diesen letzten Namen trägt. An diesem Strand ist der Sand weiß und fein, was ihn von den Stränden im Süden unterscheidet. Mit einem Bad können wir den Ausflug beenden.

Den letzten der Ausflüge, die wir vorschlagen, unterteilen wir in drei Abschnitte ausgehend von der Achse, die der in Ciutadella am Canal Salat beginnende Camí Vell de Sant Joan darstellt.
(1) Zunächst schlagen wir auf der Höhe von Son Vivó den Seitenweg zum Strand **Son Saura** ein und besuchen die archäologische Fundstätte von **Son Catlar**, wo sich eine *taula*, *talaiots* und eine die Siedlung umgebende Zyklopenmauer befinden. Der Besuch des Strandes lohnt sich nur, wenn man mehrere Stunden oder den ganzen Tag dort verbringen möchte.
(2) Dann lassen wir den Seitenweg hinter uns und fahren weiter zur Wallfahrtskapelle **Sant Joan de Missa**, um dort in einen zweiten Seitenweg (Camí de Son Camaró) Richtung **Cala en Turqueta** abzubiegen. Der asphaltierte Teil endet zwar beim Gutshof Sa Marjal Nova, der direkt beim Strand befindliche Parkplatz ist jedoch problemlos zu erreichen. Der Steineichenwald, der sich (bereits auf dem Gelände der Finca de Sant Francesc) in der Schlucht ausbreitet, macht diese kleine Bucht noch bezaubernder.
(3) Nach der Rückkehr zur Kapelle, die eine interessante Fassade mit Zinnen hat, geht es auf einem Weg, weiter nach **Macarella** und **Macarelleta**. Bei Torralba endet die Asphaltierung. Die beiden genannten Buchten sind von dichten Pinienhainen umgeben, und im Sommer öffnet hier ein kleiner Kiosk. Auf der Rückfahrt bietet uns der Weg einen weiten Ausblick auf Ciutadella und Umgebung.

Bevor wir diese Erläuterung abschließen, möchten wir noch eine Empfehlung aussprechen: Sofern Sie die Landstraße Me-1 von Ciutadella nach Maó befahren, besuchen Sie unbedingt die **Naveta des Tudons** und die Siedlung **Torre Llafuda** (siehe Kapitel Archäologie). Beide Wege sind ausgeschildert.

4 Südostroute

Taula von Talatí de Dalt

Naveta von Rafal Rubí

- Talatí de Dalt
- Rafal Rubí
- Son Bou
- Torre d'en Gaumés
- Torralba d'en Salord
- So na Caçana
- Cala en Porter
- Sant Climent
- Canutells
- Binibèquer
- Sant Lluís
- Punta Prima
- Alcalfar
- Sant Esteve

Auf dieser Route können wir mehrere archäologische Fundstätten besuchen. Die erste finden wir in **Talatí de Dalt**, wenn wir auf der Me-1 von Maó in Richtung Alaior fahren. Die Abzweigung zu der vorgeschichtlichen Siedlung geht kurz hinter der Landstraße zum Flughafen nach links ab. Besonders sehenswert in dieser Siedlung sind die *taula*, an die ein Seitenpfeiler gestützt ist, und ein großer *talaiot* mit rundem Grundriss. Auf dem Weg zurück zur Landstraße können wir noch die beiden nahegelegenen navetas von **Rafal Rubí** besichtigen. Dazu biegen wir nach rechts ab.

Hinter Alaior kreuzen wir den Seitenweg nach **Son Bou**, dem längsten Strand der Insel. Durch den Ausbau von **Es Prat** ist ein großer Teil des ausgedehnten Feuchtgebiets, das sich hinter dem Strand erstreckt und in dem einst sogar Reis angebaut wurde, zerstört worden. Trotzdem ist es durch die Weite der Landschaft noch möglich, von der Anhöhe **Sant Jaume** aus die beiden großen Hotelblöcke am Horizont im Geiste „auszuradieren" und einen idyllischen Anblick der Umgebung zu genießen. Neben den üblichen touristischen Dienstleistungsbetrieben befinden sich hier ein kleiner Wasservergnügungspark und eine sehenswerte frühchristliche Basilika am Ende des Strandes. In der Felswand kann man einige von Menschenhand geschaffene Höhlen betrachten.

Auf dem Rückweg fahren wir zu einer der vollständigsten archäologischen Siedlungen, nämlich der von **Torre d'en Gaumés**. Drei große *talaiots* werden hier von zahlreichen Überresten der talaiotischen Kultur umgeben: Ruinen kreisförmiger Wohnräume, kleine Wasserspeicher, Säulenhallen, eine *taula*, in deren Nähe die berühmte Figur **Imhoteps** (einer ägyptischen Gottheit) gefunden wurde und sogar Veränderungen der gewöhnlichen Struktur, die darauf hinweisen, dass die Siedlung zu einem späteren Zeitpunkt auch von Römern und Arabern bewohnt wurde. Von hier aus lässt sich zu Fuß das Megalithgrab von **Ses Roques Llises** erreichen.

Anschließend kehren wir nach Alaior zurück, um die Straße nach **Cala en Porter** zu nehmen. Auf dem Weg dorthin machen wir noch zweimal halt, zunächst in **Torralba d'en Salord**, wo sich eine mächtige *taula* befindet, dann in **So Na Caçana**, dessen talaiot, auf dem sich eine topographische Messmarkierung befindet, wir kurz vor der Kreuzung mit der Landstraße nach Sant Climent sehen können. Obwohl nicht „urbanisiert", bietet auch diese Fundstätte dem Besucher eine sehenswerte Struktur mit bemerkenswerten Elementen. Zwischen beiden kann schließlich auch noch die taula von **Torre Llisá Vell** besichtigt werden.

Cala en Porter ist ein weiterer Ort, der unter den Folgen eines unkontrollierten Wachstums zu leiden hat, die man nun zu korrigieren versucht. Trotz der Bebauung sind die Schlucht, die Flussmündung und der breite Strand immer noch von großer Schönheit. Auf halber Höhe der

Son Bou

Cala en Porter

Binibeca Vell

östlichen Steilwand befindet sich, dem offenen Meer zugewandt, die Höhle **Cova d'en Xoroi**, die nachmittags besichtigt werden kann (und nachts als Disco genutzt wird, deren Hauptattraktion die spektakulären „Mondaufgänge“ sind). Die Legende besagt, dass hier einst ein Maure mit abgeschnittenen Ohren – *xoroi* – entdeckt wurde, der sich ins Meer stürzte, um nicht versklavt zu werden.

Nach der Besichtigung von Cala Porter fahren wir über **Sant Climent** nach **Cala Canutells**. Auch Cala Canutells befindet sich am Ende einer Schlucht und weist die typischen Merkmale eines Touristenzentrums auf. Tatsächlich sind alle Buchten und Strände der Gemeinde **Sant Lluís**, deren Besuch wir im folgenden vorschlagen, von Feriensiedlungen umgeben. Einige sind älter, andere neuer, und gemeinsam formen sie eine lange Kette kleiner weißer Häuser, die sich zwischen **Binidalí** und der **Punta Prima** parallel zur Küste entlangschlängelt und die spärliche Vegetation des Küstengebiets hinter sich verbirgt. Im Hintergrund sind größere Häuser, einige mit edel wirkenden Fassaden zu sehen, die aufgrund ihrer privilegierten Lage auf den Anhöhen eine schöne Aussicht auf das Mittelmeer bieten.

In **Cala Binidalí** befindet sich oben auf der steilen Felswand ein herrlicher Aussichtspunkt. Die Bucht ist neben der direkt dahinter liegenden Bucht **Biniparratx** die tiefste Bucht der ganzen Küste und das Meer dringt tief in sie ein. In beiden Buchten befinden sich Begräbnishöhlen, die für den hier endenden Küstenabschnitt typisch sind. Nunmehr wird der Küstenverlauf gerader und ab dem **Cap d'en Font** immer flacher. Wir fahren weiter und passieren die Buchten von **Binisafùller**, **Binibéquer** (die größte der drei) und **Biniancolla**, die allesamt über einen Kiosk oder nahegelegene Gaststätten und Restaurants verfügen. Bevor wir die zweite erreichen, erblicken wir die sehenswerte Siedlung **Binibeca Vell**, wo man versucht hat, die typischen Strukturen der alten Fischerdörfer zu rekonstruieren. Der letzte Strand dieses Abschnitts ist der Strand von **Punta Prima**, der Südostspitze der Insel. Ihm gegenüber liegt die von einer einheimischen schwarzen Eidechsenart bevölkerte Insel **Illa de l'Aire** mit ihrem Leuchtturm.

In der Gemeinde Sant Lluís könnten wir außerdem noch **Cala Alcalfar** und **S'Algar** besuchen, indem wir von der Straße, die von der Punta Prima in den Ort führt, abbiegen. Cala Alcaufar zählt zu den älteren Touristenzentren, während S'Algar ein neuerer Hotel- und Appartmentkomplex ist, der seinen Besuchern viel zu bieten hat.

Die letzten Zwischenstopps vor der Rückkehr nach Maó sollte man in **Cala Sant Esteve**, wo die restaurierte Festung **Marlborough** besichtigt werden kann, und **Es Castell** machen. Und wenn wir Hunger verspüren und bereits die Zeit zum Abendessen gekommen ist, besuchen wir eines der Restaurants von **Cala Fonts**.

5 Von **Mercadal** zur **Cala Galdana**

Kirche von Es Migjorn

Cala Mitjaneta

- Es Mercadal
- Es Migjorn
- Sant Tomàs
- Sant Adeodat
- Ferreries
- Cala Galdana

Die Landstraße von Es Mercadal nach Es Migjorn (Me-18) führt durch eine Senke zwischen zwei hohen Hügeln, die ihr ein wenig den Charakter einer Gebirgsstrecke verleiht. Sie beginnt in einem Pinienhain, der den beschriebenen Eindruck noch verstärkt, an der ehemaligen Kaserne, die sich vor den Toren des erstgenannten Ortes befindet. Diese Kaserne wurde zu einem Messegelände und Kunsthandwerkszentrum umgestaltet. Entlang der Strecke sehen wir einige Häuser, die auf spitz zulaufenden Anhöhen stehen, die zweifellos einen besseren Überblick über die umliegenden Ländereien gewährleisten sollen. Der letzte Abschnitt vor der Ankunft in **Es Migjorn** verläuft parallel zur Schlucht **Barranc de Binigaus**, deren steile Hänge für Terrassenfelder genutzt werden. Der Ort ist vor der Weiterfahrt zu den touristisch erschlossenen Stränden von **Sant Tomàs** und **Sant Adeodat** durchaus einen Besuch wert.

Auf dem abschüssigen Streckenabschnitt hinab zu den genannten Stränden treffen wir auf die Abzweigungen zu den prähistorischen Siedlungen **Santa Mónica** (zur Linken) und **Sant Agustí** (zur Rechten). In Sant Agustí befindet sich ein interessanter hohler talaiot, dessen Kuppel von einer mittigen Säule gestützt wird.

Bevor wir uns wieder von Es Migjorn aus auf den Weg nach Ferreries machen, können wir auch noch die talaiots von **Binicodrell de Darrera** besichtigen. Diese Finca befindet sich am Anfang des alten Camí de Binigaus, der am Friedhof beginnt. Später kehren wir auf die ebenfalls schon recht alte Landstraße zurück, die durch eine hübsche Landschaft führt. Bei der Ankunft in **Ferreries**, kurz hinter der Abzweigung zu den Häusern von **Son Mercer**, hat man einen wundervollen Blick über die Gemeinde.

Wir verlassen den Ort auf der Me-1 in Richtung **Cala Galdana** und biegen kurz dahinter auf die Me-22 ab. Es handelt sich um eine gute Straße, die recht steil ansteigt und auf ihrem Verlauf zwischen den Schluchten von **Algendar** und **Trebaluger** den Ausblick auf ausgedehnte Pinienwälder erlaubt. Wir treffen auf eine Abzweigung, die zu einem Campingplatz führt (von dem aus man nach **Cala Trebaluger** gelangt), und etwas später auf die nach **Cala Mitjana**. Auf Höhe der ersten Häuser von Cala Galdana führt die Straße steil hinab direkt zum Strand. Er befindet in einer bewaldeten Umgebung, die durch eine Steilwand vom offenen Meer getrennt ist. Die Mündung des Meeresarms **Barranc d'Algendar** wird als Anleger für kleinere Boote genutzt. Trotz der vielen Hotels und Apartmentgebäude bewahrt sich dieser Ort einen Charme, den andere an der Südküste nicht haben.

Routen für den Fahrradtourismus

Wie bereits gesagt wurde, kann man die Ausflüge, die als Wanderungen beschrieben werden, meist auch mit dem Fahrrad machen. Oft ist dazu ein Geländerad notwendig. Im Folgenden werden einige der möglichen Routen beschrieben. Die Fahrradliebhaber haben entdeckt, wie gut man das Binnenland von Menorca auf diesem Vehikel entdecken kann, und auf vielen Wegen sieht man Fahrradfahrer mit Helmen und guter Ausrüstung, immer häufiger und immer mehr. Die örtlichen Fahrradvereine haben zur Kennzeichnung der Routen beigetragen. Diese Routen werden bei den Teilnehmern von Rundfahrten, die jedes Jahr veranstaltet werden, immer beliebter.

▼ Ausgewiesene Routen:

1. Ciutadella-Ferreries
16,5 Kilometer,
2 Stunden (ung.)

Ferreries-Es Mercadal
15,5 Kilometer,
1h 35m (ung.)

Es Mercadal-Alaior
7,7 Kilometer,
45m (ung.)

Alaior-Maó
12 Kilometer,
1h 15m (ung.)

Maó-Es Castell
8 Kilometer,
45m (ung.)

Es Castell-Sant Lluís
6 Kilometer,
30m (ung.)

Sant Lluís-Punta Prima
4,8 Kilometer,
25m (ung.)

Todas tienen la calificación de dificultad baja, que supone su uso por parte de principiantes, excepto la 2, considerada de dificultad media.

INFORMATIONEN
UND EMPFEHLUNGEN

Dieser Anhang dient zur Ergänzung der vorangehenden Informationen, sie helfen dem Besucher, die Insel und ihre Traditionen von Grund auf kennenzulernen. Die hier bereitgestellten Informationen erheben keinen Anspruch auf Vollständigkeit. Was die Gültigkeit der angegebenen Adressen angeht, die sich zuweilen ändern, können diese bei den entsprechenden Einrichtungen erfragt werden.

KUNST UND KULTUR

Menorca hat schon immer auf jene, die sich um die Gunst der Musen bemühen, eine besondere Anziehungskraft ausgeübt. Einheimische und ausländische Künstler haben im Laufe der Zeit immer wieder versucht, die Schönheit und den Zauber der Landschaft in ihren Werken zu verewigen.

MALEREI

Insbesondere die Maler wurden von diesem besonderen Licht inspiriert, das die ganze Insel überflutet. Deswegen ist wohl auch die Landschaftsmalerei das beliebteste Genre auf der Insel. Bereits im 18. Jahrhundert wirkte hier der Italiener **Giuseppe Chiesa** (1720-1789), nachdem er eine Dame aus Maó zur Frau genommen hatte. Er führte den unter dem Namen *veduta* bekannten, naturalistischen Malereistil aus Italien ein und hinterließ zahlreiche Werke, die an jene Epoche erinnern. Ebenso bedeutend ist das Werk seines Schülers **Pascual Calbó** aus Maó. Dieser war nicht nur ein vortrefflicher Maler und Grafiker, sondern widmete sich außerdem dem Studium der Mathematik.

Die bekanntesten Gemälde aus dem 19. Jahrhundert sind die Seestücke von **Font** (1811-1885), große Landschaftsgemälde, auf denen der Hafen von Maó und die Schiffe der damaligen Zeit – unter einem für den romantischen Zeitgeschmack typischen stürmischen Himmel – immer wiederkehrende Motive sind. Ebenso bedeutend ist das künstlerische Erbe des etwas jüngeren Malers **Hernández Monjo** (1862-1937), das sich gleichfalls in der Hauptsache durch Seestücke voller Licht und Farbe auszeichnet, die jedoch bereits von der realistisch-modernistischen Strömung der Jahrhundertwende beeinflusst sind.

Die zeitgenössische Malerei hat in zwei Landschaftsmalern ihre herausragendsten Vertreter gefunden: **Joan Vives Llull** (1901-1982), ein aus Maó stammender Impressionist, der die Natur in den Mittelpunkt seines künstlerischen Schaffens stellte, und **Josep Torrent** (1904-1990), ein Expressionist aus Ciutadella, der sich durch seinen besonders originellen Kombinationsstil von Technik und Rhythmus bei der Wiedergabe des Inselcharakters auszeichnet.

Ciutadella ist auch die Geburtsstadt von **Maties Quetglas**, ein seit Jahren in Madrid lebender Vertreter des Hyperrealismus, der im In- und Ausland große Anerkennung gefunden hat und ein vielseitiges Repertoire unterschiedlicher Maltechniken beherrscht.

Kunstgalerien und Museen

Maó

Fortalesa de la Mola. Täglich Führungen. Von 10 bis 18 Uhr geöffnet. (Mai - Oktober), von 10 bis 20 Uhr. (Juni - September) und von 10 bis 14 Uhr (November - April). Für Gruppen, bitte unter der Nummer 971 411 066 reservieren. www.fortalesalamola.com

Das **Menorca Museum** ist im ehemaligen Kloster San Francesc untergebracht. Sowohl architektonisch als auch aufgrund der ausgestellten Werke interessant. Einzigartige Werke aus allen Epochen zeigen den Wandel und die soziokulturelle Entwicklung auf Menorca von der Vorgeschichte bis in die heutige Zeit. Carrer Dr. Guàrdia, s/n. Tel. 971 350 955

Museum Hernández Sanz-Hernández Mora mit Möbeln, Karten, Gemälden, Stichen und Objekten aus dem 17. bis zum 20. Jahrhundert. Claustre del Carme. Tel. 971 350 597.

Der **Kultursaal „Sa Nostra"** befindet sich in der altehrwürdigen Sant-Antoni-Kirche, S'Arraval Nr. 32. Das ganze Jahr über finden hier wechselnde Ausstellungen statt. Tel. 971 366 854

Ateneu Científic, Literari i Artístic. Dort befindet sich der Vives-Llull-Saal, in dem eine Sammlung von Zeichnungen und Gemälden sowie naturwissenschaftliche Exponate aus Menorca gezeigt werden. Hier werden außerdem Vorlesungszyklen veranstaltet, bei denen das ganze Jahr über vielerlei Themen aus Kultur und Soziologie zur Sprache kommen. Sa Rovellada de dalt Nr. 25, Tel. 971 360 553. www.ateneumao.org.

Galeria Artara. Ständige und wechselnde Ausstellungen. Carrer Rosari Nr. 18. Tel 971 350 804. www.galeriaartara.com

Galería d'Art Kroma. Ständige und wechselnde Ausstellungen. Carrer Anuncivay, 7. Tel. 971 350 804. www.galeria-kroma.com

Encant. Ständige und wechselnde Ausstellungen. C/de la Infanta, 20. Tel. 971 364 416. www.encant.net

Ciutadella

Städtisches **Museum Bastió de Sa Font**, Plá de sa Font s/n. Historische, archäologische und ethnologische Sammlung. Tel. 971 380 297 www.ciutadella.org/museu

Sala Municipal del Roser, in der ehemaligen Kirche Iglesia del Roser, die sich in der Straße gleichen Namens befindet. Auch hier finden das ganze Jahr über wechselnde Ausstellungen statt. Tel. 971 383 563

Diözesanmuseum. Seitengebäude des Konzilseminars. Die hier ausgestellten sehr alten und seltenen Objekte haben einen hohen religiösen und historischen Wert. Außerdem wird die Sammlung zeitgenössischer Malerei Pere Daura gezeigt. Carrer del Seminari, 7. Tel. 971 481 297

Kultursaal „Sa Nostra" in der ehemaligen Sant-Josep-Kirche, Carrer Santa Clara. Das ganze Jahr über werden hier wechselnde Ausstellungen organisiert. Tel. 971 480 686

Museumshaus Pintor Torrent, Dauerausstellung, Eintritt frei. Carrer de Sant Rafel 11. Öffnungszeiten unter www. menorcaweb.net/pintortorrent, nachsehen oder unter. Tel. 626 558 126 erfragen.

Galeria Retxa, Carrer Nou de Juliol, 37. Sitz einer Malergruppe und es werden gelegentlich Ausstellungen veranstaltet. Tel. 971 381 806

Pedreres de s'Hostal. Hier befinden sich verschiedene alte und moderne Steinbrüche, die von der Gesellschaft Líthica betrieben werden. Die Gesellschaft setzt sich für die Erhaltung der Steinbrüche ein. Diese befinden sich in einer Entfernung von 2 km von Ciutadella, am Camí Vell de Maó. Die empfohlenen Rundwege sind markiert. Tel. 971 481 578, www.lithica.es

Castell de Sant Nicolau, nur in der touristischen Saison geöffnet. Öffnungszeiten erfragen. Tel. 971 484 155

Alaior

Sala Municipal d'Art, Zeitausstellungen, C/Major, 11.

Kulturzentrum Sant Dídac, in der alten Kirche mit gleichem Namen. Zeitausstellungen.

Galeria Arantza & Cía. Carrer des Forn, 9. Tel. 971 378 561

Es Castell

Fort Marlborough. Cala Sant Esteve. Besuch „Reise in das 8. Jh." Von April bis Dezember geöffnet. Tel. 971 360 462

Castell de Sant Felip. Carretera de la Cala Sant Esteve. Besuch unter Tel. 971 362 100 vereinbaren.

Museu Militar de Menorca. Plaça Esplanada. Tel. 971 362 100.

Es Mercadal

Espai Hartung. Diese Galerie ist nur im Sommer geöffnet. Carrer Vicari Fuxà, s/n.

Sa Farinera. Einkaufszentrum an der Hauptstraße, in dem die Maschinen einer alten Mehlfabrik ausgestellt werden (1905).

Ökomuseum von Cap de Cavalleria. In einer wunderschönen Umgebung befindet sich das Gut der Hl. Therese. Der Besucher erfährt in dem kleinen Museum mehr über die römische Geschichte Menorcas. Es werden zahlreiche Fundstücke gezeigt, daneben werden vielfältige Aktivitäten im Rahmen der Ausgrabungen von Sanisera veranstaltet. Tel. 971 359 999, www.ecomuseudecavalleria.com

Es Migjorn Gran

Galerien Es Migjorn Gran, Aquarelle von Graham Byfield. Geöffnet von April bis Oktober. C/Sant Llorenç, 12-1.

Ferreries

Naturzentrum Menorca, Zentrum für Umwelt. Interaktive Ausstellungen, Vorträge und verschiedene öffentliche Veranstaltungen. C/Mallorca, 2. Tel. 971 37 45 05, www.gobmenorca.com/cnatura

Sant Lluís

Es Molí de Dalt. Dieses Völkerkundemuseum mit einer umfassenden Sammlung alter Werkzeuge und Geräte befindet sich in einer originalgetreu restaurierten Getreidemühle. Es Cós, 4. Tel. 971 151 084.

MUSIK

Die Musik im weitesten Sinne ist eine der beliebtesten Freizeitbeschäftigungen der Einwohner Menorcas. Das wird auch durch die zahlreichen Veranstaltungen belegt, die im Laufe des Jahres stattfinden und praktisch alle Bereiche der Musik berühren.

Oper und klassische Musik.

Die **Amics de l'Òpera** veranstalten zweimal im Jahr im Rahmen der Opernwoche (*Setmana de l'Òpera*) meist Anfang Sommer und im Dezember Aufführungen, die beim Publikum sehr beliebt sind. Auch die Konzerte der **Joventuts Musicals** (Jugendmusikvereinigung) zeichnen sich durch ihre musikalische Qualität aus. Von Oktober bis Mai organisieren sie fast jede Woche Konzerte mit angesehenen Musikern. Darüber hinaus sind die internationalen Sommermusikfestivals (Festivals Internacionals de Música d'Estiu) zu nennen , die in den Monaten Juli und August im Kreuzgang in Ciutadella und Maó stattfinden. Des Weiteren gibt auch das ansässige Orchester OCIM, Orquestra de Càmara de l'Illa de Menorca, hin und wieder Konzerte.

Auch die Nächte der Klassischen Musik werden von den Joventuts Musicals organisiert. Sie finden im Monat August in der Pfarrkirche Fornells statt

Die **Fundació de l'Orgue de Santa Maria** (Stiftung zur Pflege der Orgel von Santa Maria) in Maó organisiert im Juli und im August einen internationalen Konzertzyklus, an dem berühmte Orgelsolisten mitwirken (diese Orgel hatten wir bereits erwähnt). Ferner kann man die Orgelmatineen besuchen, bei denen an den Sommermorgen eine halbe Stunde Orgelmusik geboten wird und einmal wöchentlichen Nachmittagskonzerte.

Im Kreuzgang von Socors finden das ganze Jahr über - wenngleich in unregelmäßigen Abständen - Gesangs- und Orgelabende statt. Diese werden von der Capella Davídica dargeboten, in der unter anderem die kräftige Stimme des

Baritons Joan Pons heranreifte, der inzwischen in der internationalen Opernszene hohes Ansehen genießt, worauf die Einwohner der Insel natürlich besonders stolz sind. Die **Capella Davídica** organisiert auch zwischen Februar und März die Internationale Orgelwoche der Balearen in der Kathedrale und die Weihnachts-, Oster- und Sommerkonzerte, die auch an anderen Orten auf der Insel aufgeführt werden.

Jazz

Diese Musikrichtung kann zwar nicht auf eine sehr lange Traditionen auf der Insel zurückblicken, doch die Zahl ihrer Anhänger wächst schnell. Das ist insbesondere den Bemühungen einer Gruppe von Jazzliebhabern zu verdanken, unter denen sich mehrere ehemalige Berufsmusiker befinden.

Die Musikevents, die von *Jazz Obert, Associació d'Al·ligàtors* organisiert werden, sind sehr zu empfehlen: im Frühjahr das **Internationale Jazzfestival von Menorca**, und auch in den anderen Monaten gibt es ein interessantes Programm, dass Sie unter www.jazzobert.com abrufen können. Die Jamsessions, die im **Casino de Sant Climent** ab Ostern bis Ende Oktober stattfinden, sollte sich kein Jazzliebhaber entgehen lassen.

Rock - Pop

Auf der Insel gibt es zahlreiche, in den letzten Jahren von jungen Leuten gegründete Bands, die sich dieser Musik verschrieben haben. Es gibt praktisch kein Wochenende, an dem nicht ein Konzert stattfindet. Einer dieser Musiker, **Cris Juanico**, ehemaliger Sänger der Gruppe Ja t'ho diré, ist dank seines hohen musikalischen Niveaus in ganz Spanien populär geworden.

Volksmusik

Auch die Folkloregruppen haben Hochkonjunktur, und sie sind auch zunehmend bei Veranstaltungen außerhalb der Insel vertreten. Auf den Volksfesten fehlen niemals die Klänge der *jota menorquina*, die gern gesungen und getanzt wird, und auch die *Havaneres*-Konzerte, die an die Jahre der Auswanderung nach Kuba erinnern, erfreuen sich großer Beliebtheit.

Live-Musik

Das ganze Jahr über gibt es Jazz-, Rock- oder Volksmusikkonzerte mit einheimischen oder ausländischen Interpreten. In Maó ist der sogenannte *Estiu a Maó* – der Sommer in Maó – mit allwöchentlichen Konzerten im Claustre del Carme bereits zur Tradition geworden. Das gleiche gilt für die Konzerte in Alaior, die im August in Sa Plaça stattfinden.

In der **Bar Akelarre** und in anderen im Hafen von Maó (Moll de Ponent) gibt es an den Wochenenden Livemusik.

Und in Ciutadella finden Livekonzerte im **Jazzbah** in der Straße Pla de Sant Joan statt.

In Es Castell finden in der Bar **Sa Sínia** das ganze Jahr über Musikveranstaltungen statt.

In der Bar Sínia in Es Castell werden ebenfalls Livemusik und DJs geboten. Hier kann man auch die frischen Gerichte auf der wunderschönen Terrasse des Lokals genießen.

THEATER

Das bekannte **Teatre Principal**, verwaltet von einer Stiftung, ist eine der wichtigsten Bühnen von Mao (www.teatremao.org). Der **Cercle Artístic** ein berühmter Kulturverein in Ciutadella (www.cercleartistic.com), der jedes Jahr den Theaterpreis *Premi es Born de Teatre* vergibt, eine Auszeichnung, die in der Welt des Theaters in katalanischer Sprache immer mehr an Bedeutung gewinnt. Ebenso erwähnenswert sind die *Aules de Teatre,* eine Theaterwerkstatt, in der sich Schauspieler sehr erfolgreich weiterbilden. Die Liebe zu den verschiedenen Bühnengenres kann auf eine lange Tradition zurückblicken, was auch die vielen kleinen Theater in verschiedenen Ortschaften belegen, die seit Ende des 19. Jahrhunderts ihre Vorstellungen geben. In diesen Theatern sind es oft Laienspielergruppen, die ihren Mitbürgern zuweilen sehr anspruchsvolle Aufführungen anbieten. Angesichts des großen Zuspruchs, den die Aufführungen trotz der geringen Bevölkerungsdichte finden, scheint ihr Fortbestehen gesichert zu sein. In Ciutadella ist es beispielsweise schon zur Tradition geworden, alljährlich zu Beginn der Sant-Joan-Feierlichkeiten das Stück *Foc i Fum* aufzuführen, ein Werk des aus Ciutadella gebürtigen **Joan Benejam i Vives**, das dieser im Jahr 1885 geschrieben hatte. Die Aufführung von *El viatge tràgic de l'amo en Xec de S'Uestrà*, das zu Beginn des 19. Jahrhunderts von **Ángel Ruíz i Pablo**, einem Autor aus Es Castell, verfasst wurde, steht ebenfalls regelmäßig auf dem Spielplan.

Zu den traditionsreichen Vereinigungen, wie z.B. dem **Orfeó Maonès** oder den Theatergruppen **Delfí Serra** und **Sant Miquel** aus Ciutadella, haben sich kürzlich neue Gruppen wie **La Clota-Groc** und **Mô teatre** hinzugesellt, die sich sehr dafür engagieren, das „heilige Feuer" am Leben zu erhalten.

LITERATUR

Der Einfluss Menorcas auf die katalanische und die europäische Literatur erlangte, wenn auch nur wenigen bekannt, eine beachtliche Bedeutung. Seit der Gründung des Kulturvereins von Maó im Jahre 1778 konsolidierte sich ein intellektueller Zirkel, der, inspiriert von den aufklärerischen Vorstellungen der Epoche, ein reges Engagement entwickelte. Viele Mitglieder dieser Gruppe absolvierten ihre Studien im Süden Frankreichs, so wie beispielsweise **Joan Ramis i Ramis**, der in Avignon studierte. Unter den katalanische Autoren seiner Zeit war dieser Schriftsteller der hervorragendste Vertreter des Neoklassizismus. Zu seinen Werken gehören *Lucrecia* (1769), ein Gesang auf die „republikanische" Freiheit, *Arminda* sowie *Rosaura o el més constant amor*. In dieser Epoche wurden auf Menorca die Werke von Molière, Goldoni, Metastassio und anderer Klassiker in Katalanische übersetzt. Es wurden Studien wie beispielsweise die linguistische Abhandlung *Principis de lectura menorquina* veröffentlicht, in der der Autor, **Febrer i Cardona**, bereits damals die Einmaligkeit des Menorquinischen gegenüber den restlichen Regionen des katalanischen Sprachraums verdeutlichte.

Auf dem Gebiet wissenschaftlicher Publikationen ist in der ersten Hälfte des 19.. Jahrhunderts vor allem das Werk des Doktor **Orfila i Rotger** (Maó 1787 - Paris 1853) von Bedeutung. Er studiert Chemie und Medizin in Paris; seine Studien zur Toxikologie galten lange Zeit als Standardwerk in dieser Disziplin. Später wurde er Leibarzt von Ludwig XVIII. und Professor für Chemie an der Universität von Paris.

Diese Vorläufer legten zweifelsohne den Grundstein für die gesamte in unserem Jahrhundert auf Menorca enstandene Literatur. Diese Werke reichen von den vortrefflichen Studien zur Volkskunde des bekannten Autors **Francesc d'Albranca** (z.B. *Folklore menorquí de la pagesia*) bis zur neuesten Erzählkunst des preisgekrönten **Pau Faner**. Nicht zu vergessen die poetischen Werke von **Gumersind Riera**, **Pere Gomila** und **Ponç Pons**. Da eine vollständige Aufzählung zu lange würde, empfehlen wir den interessierten Lesern, sich dazu in den Fachbuchhandlungen zu erkundigen.

Die außerordentliche Bedeutung der *Revista de Menorca*, die von dem **Ateneu Científic, Literari y Artístic** in Maó seit 1888 herausgegeben wird, muss dennoch an dieser Stelle erwähnt werden. Das Gleiche gilt für die **Enzyklopädie Menorcas**, ein ausgezeichnetes Werk des Balearischen Kulturverbandes, in dem sämtliche Aspekte der menorquinischen Realität behandelt werden. Von dieser Enzyklopädie sind bereits elf Bände herausgegeben worden. Man kann sie noch abbonieren: *Geografia física, El món vegetal, Invertebrats (no artròpodes), Vertebrats I und II, Arqueologia, Història I und II, Economia, Antropologia I und Història de l'Art I.*

Buchempfehlungen

- ALEMANY, Joan. **El port de Maó**, Institut Menorquí d'Estudis, 2003
- ALEU, Oriol. **Minorca, cooking and gastronomy**, Triangle Postals, 2006
- ARMSTRONG, John. **Historia de la isla de Menorca**. Edit. Nura, 1978
- ARXIDUC LLUÍS SALVADOR D'ÀUSTRIA. **La isla de Menorca**. Edició facsímil dels volums VI i VII del „Die Balearen in Wort und Bild". "Sa Nostra" 1982.
- ARMSTRONG, John. **Historia de la isla de Menorca**. Edit. Nura 1978.
- ARXIU STURLA. **Menorca, record d'un temps**. Triangle Postals, 2005.
- BALLESTER, Pere. **De re cibaria (cocina, pastelería y repostería menorquina)** Edit. Puig, 1986.

- BUENAVENTURA, Alfonso. **Naufragios y siniestros en la costa de Menorca**. Editorial Menorca, 1998
- CAMPS I EXTREMERA, Antoni, y ELORDUY, Joan. **El camp de Menorca : Patrimoni etnològic construït**. D.L. 1998
- CAMPS I MERCADAL, F. (Francesc d'Albranca). **Folklore Menorquí**. 1987.
- CAO BARREDO, M. **Flowers of Menorca**. G.O.B. 1996.
- CATXOT, Santi, und ESCANDELL, Raúl. **Vögel Menorcas**. G.O.B. 1997.
- ESCANDELL SALOM, Antoni. **Peixos de Menorca**. D.L. 1998
- FANER, Pau. **Flor de sal**. Destino 1986.
- FLORIT, F. und SAULEAU, L. **Pedreres de Marès**. Líthica. 1997.
- GARRIDO, Carlos. **Menorca mágica**. Olañeta, 1990.
- MATA, Micaela. **Conquestes i reconquestes de Menorca**. Editorial 62, 1974.
- MATA, Micaela. **Menorca Británica**. I.M.E., 1994.
- NICOLÁS MASCARÓ, Joan C. de. **Talaies i torres de defensa costanera**. I.M.E., 1994.
- PALLARÈS, Virgínia y TALTAVULL, Enric. **Guía Náutica Menorca**. Virgínia Pallarès, 1992.
- PLA, Josep. **Mallorca, Menorca e Ibiza**. Destino, 1950.
- PLANTALAMOR MASSANET, Lluís. **L'arquitectura prehistòrica i protohistòrica de Menorca**. Govern Balear. Treballs del Museu de Menorca, n. 13.
- PONS, Guillermo. **Historia de Menorca**. Menorca, 1977.
- PONS MUÑOZ, José María, prólogo Pau Faner. **Menorca y su pesca**. 1994
- PONS, Ponç. **Memorial de Tabarka**. Cruïlla, 1993.
- RIUDAVETS I TUDURÍ, Pedro. **Historia de la Isla de Menorca** (1888) 2 volums. Al-Thor, 1983.
- ROSELL I SANUY, Joan, y LLOMPART I DÍAZ, Carme. **El naixement d'una illa : Menorca : guia de geologia pràctica**. : IME, 2002.
- SABRAFIN, Gabriel. **Cuentos fabulosos y leyendas de las islas**. Olañeta, 1988.
- VIDAL, Toni. **Menorca, tot just ahir**. Triangle Postals, 2000.
- VIDAL, Toni. **Roques de Menorca**. Triangle Postals, 2005.
- VUILLIER, Gaston. **Les Illes Oblidades**. Edit. Moll, 1973.
- VV.AA. **Guia Arqueològica de Menorca**. C.I.M., 1984.
- VV.AA. Quaderns Xibau. **Col·lecció de Poesia Contemporània**. I.M.E., 1990/95.
- VV.AA. **La ciutat des del carrer**. Ateneu de Maó, 1983.

KUNSTHANDWERK

Heutzutage beschränkt sich das traditionelle Kunsthandwerk der Insel hauptsächlich auf die Töpferei und die Herstellung von *avarques* (typische Schuhe der Landbewohner), doch es gibt auch Korbflechter und Handwerker, die sich der Anfertigung von Modeschmuck, Lederwaren, Textil- und Papierdrucken usw. widmen.

Die traditionellen Töpfereiwaren sind relativ groß und werden mit Tonmaterial aus Menorca angefertigt. Sie werden im Ofen gebrannt, nicht lackiert und kaum poliert. Besonders schöne Objekte sind die Henkelkrüge (*de barca, de cul estret, castanyes*), Tonflaschen (*la buldrofa, ses botilles*), Tonpfeifen mit hölzernem Mundstück, Wasserkrüge (der *caduf* wird in den Brunnen eingesetzt), Waschnäpfe (*ribelles*), Korbflaschen (der *maridet* wird als Wärmflasche verwendet), Gießkannen, Futternäpfe und „Nester" für die Hoftiere (*test de peu*)...

In der **Gerreria de n'Artur Gener**, in der Straße Curniola Nr. 12 in Ciutadella (Tel. 971 380 014) wird die Familientradition aufrechterhalten, hier wird noch mit den überlieferten Techniken gearbeitet.

In Maó, Moll de Ponent Nr. 9-10, hat die Firma **Hermanos Lora Buzón** das Angebot traditioneller Artikel mit modernen, selbstentworfenen Stücken erweitert; außerdem werden dort Drechslerarbeiten und Malereien ausgestellt. Auch im Osten arbeiten vier Töpfer, deren Arbeiten einen eigenen und persönlichen Stil besitzen. Man kann ihre Werkstätten in bezaubernder ländlicher Umgebung besuchen. Besuch nach Absprache unter Tel. 971 369 598 (**Es Fangueti**), 971 369 128 (**A. Vico**), 606 248 036 (**Remi Lora**) und 629 490 366 (**Cardona**).

Es gibt eine Vielzahl von Geschäften, in denen traditionelle oder auch moderne Keramiken angeboten werden, und oft findet man auch die *avarques*. Wenn man jedoch einen direkten Kontakt zum Kunsthandwerker wünscht, sollte man **Can**

Doblas Artesania, Plaça Jaume II., 1 in Ferreries besuchen (www.cancoblas.com).

Auch hochwertige Schuhe und andere Lederwaren kann man direkt beim Hersteller erstehen, wo die Preise theoretisch niedriger sein sollten als in den Geschäften. Es gibt viele Hersteller in den Industriegebieten, vor allem in Ciutadella und Ferreries. Bei kleineren Herstellern kann man sogar maßgefertigte Schuhe in Auftrag geben.

Kunsthandwerk kann man auch auf den ständigen Jahrmärkten (nur im Sommer) oder Wochenmärkten finden: **Ses Voltes** und **S'Esplanada** (in Maó), **Baixada Capllonch** (im Hafen von Ciutadella), **Baixada de Cales Fonts** (Es Castell) und auf dem *Mercat d'Artesania* in Alaior und Fornells. Ebenfalls sehr interessant ist der Wochenmarkt, der jeden Samstagmorgen auf der Plaça d'Espanya in Ferreries stattfindet. Auf diesem idyllischen Markt bieten die Bauern der Umgegend ihre Erzeugnisse an: Honig, Käse, Marmelade, Konserven usw.

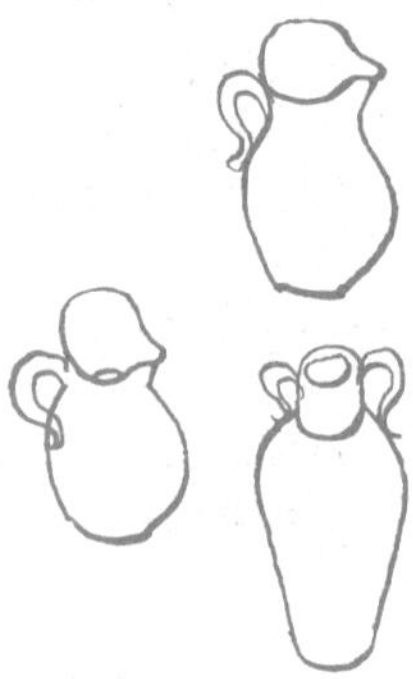

ANTIQUITÄTEN

Antiquitätengeschäfte sind praktisch in allen Orten der Insel zu finden. Das ist auch nicht weiter verwunderlich auf einer Insel, die im Verlauf ihrer Geschichte Elemente der verschiedensten Kulturen aufgenommen hat; es gibt hier unzählige Gegenstände, die durchaus als Antiquitäten gelten können, angefangen bei den archäologischen Funden (die heute nicht mehr verkauft werden dürfen) bis hin zu Fossilien u.ä.. Darüber hinaus haben die Zeiten der französischen und englischen Herrschaft auf der Insel natürlich auch ihre Spuren hinterlassen. In diesem Zusammenhang sind besonders die klassischen englischen Möbel zu nennen, die seinerzeit eine bedeutende Industrie hervorgebracht haben und von den Stilen *Chippendale* und *Sheraton* inspiriert waren. Die aus edlen Hölzern gefertigten Stücke stammen zumeist aus Palästen und *cases de senyors*

– Herrenhäusern –, doch auch in etwas bescheideneren Wohnhäusern waren und sind sie zu finden, etwa aufgrund einer Schenkung des Herrn an seine Bediensteten oder auch infolge von Erbschaften. Diese Möbel sind heutzutage sehr geschätzt. Doch auch die rustikaleren Möbel, zu deren Herstellung herkömmliche Werkstoffe verwendet wurden, sind sehr gefragt, da auch sie Stilelemente der eleganten englischen Möbeltechnik aufweisen. Hinzu kommen vielfältige Accessoires, die oftmals importiert wurden, weil sie auf der Inseln unbekannt waren, und alte Gemälde oder Nippsachen. Besonders aus der Zeit vom 17. bis zum 20. Jahrhundert ist das Angebot ausgesprochen verführerisch.

Die angebotenen Möbel lassen unterschiedliche Qualitäten erkennen, die Preise hängen von der jeweiligen Kategorie oder dem Erhaltungszustand ab, so dass wir an dieser Stelle keine Adressen oder konkrete Hinweise geben wollen. Dem Antiquitätenliebhaber wird es nicht schwerfallen, sie zu finden, insbesondere in Maó und Ciutadella, und wir wollen ihn nicht dieser besonderen Spannung berauben, die die Suche auf eigene Faust mit sich bringt.

FESTE

Wir hatten es bereits erwähnt, als es um die Feste in Ciutadella ging: bei dem Versuch, die Feste zu beschreiben, die den Schutzheiligen der jeweiligen Orte in Menorca geweiht sind, kommt man nicht umhin, über Pferde zu sprechen. Zu diesen Festen gehören vielfältige kulturelle und religiöse Aktivitäten, nicht zu vergessen die zahlreichen Vergnügungen, doch die größte Begeisterung lösen zweifellos die Klänge der *es tambor i es flabiol* aus, welche die *sa colcada* ankündigen und damit den Beginn des *es jaleo*. In Ciutadella gibt es für diese Tradition eigene, alte und sehr ausführliche Rituale, doch werden auch in den übrigen Ortschaften die *colcada* und der *jaleo* am Nachmittag der Festeinweihung und am darauffolgenden Morgen abgehalten. In Maó hat man außerdem den Brauch der *corregudes des Cós* wieder zum Leben erweckt, der von allen Einwohnern des Ortes begeistert aufgenommen wurde.

Doch außer den Festen zu Ehren der Schutzheiligen gibt es noch andere Feste. Wie alle Völker des Mittelmeerraumes blickt auch die Bevölkerung Menorcas auf eine reiche Tradition bei den religiösen und weltlichen Festen zurück. Und im Laufe eines Jahres sind das nicht gerade wenige:

Festtagskalender

Januar

Diada de Sant Antoni, das Fest des Schutzheiligen Menorcas. Mit diesem Fest wird der Eroberung der Insel durch Alfons III. gedacht.

16. Januar. Feiern mit Lagerfeuern, bei denen in Maó, Es Castell, Sant Lluís und

Es Mercadal Röstbrote mit *sobrassada* – Paprikastreichwurst – serviert werden.

17. Januar. Verschiedene Festakte in allen Orten. In Ciutadella der traditionelle Jahrmarkt auf der Plaça de l'Hospital und die Prozession *dels Tres Tocs*.

Februar/März/April

Karneval. Das Datum hängt vom liturgischen Kalender ab. Tanzveranstaltungen und Umzüge mit Karnevalswagen und Karnevalstruppen in allen Ortschaften. Besonders originell sind der *Ball Blanc i Negre* in Es Migjorn und der *Ball de ses Tauletes* im Cassino Nou de Ciutadella, beide am Faschingsmontag.

Semana Santa (Karwoche). Prozessionen und andere religiöse Veranstaltungen auf der ganzen Insel. Eine besondere Erwähnung verdienen die Prozessionen *del Sant Enterrament* in Maó und die sehr traditionsreiche Prozession in Es Migjorn Gran, jeweils am Karfreitag. Am Ostersamstag gibt es ein Konzert mit sakraler Musik in der Kathedrale von Ciutadella sowie andere religiöse Veranstaltungen, die im Ritus des Foc Nou auf dem Kirchenvorplatz ihren Höhepunkt finden. Am Ostersonntag finden die Prozessionen *del Encontre* in Maó und erneut die bereits erwähnte Prozession in Es Migjorn Gran statt. In Ciutadella findet am Mittag das *matar es Bujot* statt; dabei wird unter lautem Musketengeböller die symbolische Puppe angezündet. In vielen Ortschaften tragen Chöre das traditionelle *Deixem lo dol* vor, mit dem der Fastenzeit ein Ende gesetzt wird.

Pfingsten. Veränderliche Termine. In Ciutadella und besonders in Ferreries zieht die ganze Bevölkerung aufs Feld oder an den Strand (*anar a vega*).

Mai

Ses Coques de Sant Josep. Am ersten Sonntag des Monats in Ferreries. Auf diesem erst kürzlich wieder zum Leben erweckten Fest werden die zuvor gesegneten *ensaïmadas* und *cocas* (typisches Gebäck) zugunsten der Gemeinde versteigert.

Sant Isidre. 15. Mai. Die Landbevölkerung ehrt an diesem Tag ihren Schutzheiligen. In der Ermita de Fàtima werden religiöse Veranstaltungen und Festakte organisiert.

Processó de Maria Auxiliadora. Am 24. Mai bzw. an dem darauffolgenden Sonntag in Ciutadella. Das Fest wird mit religiösen Feierlichkeiten und einer Prozession durch die Altstadt begangen. Die Stadtkapelle gibt ein Konzert in Sa Contramurada; auf der Straße wird ein Tanzabend veranstaltet.

Juni

Dia des Be. Das schönste Lamm der Umgegend wird mit farbigen Schleifen geschmückt und zu Ehren von Johannes dem Täufer durch *s'homo des be* spazieren geführt. Zusammen mit dem *fabioler* durchzieht es die Straßen von Ciutadella und verkündet am Sonntag davor die feste.

Festes de Sant Joan. 23. und 24. Juni. Beginnend mit dem Abendgottesdienst in der Kirche Sant Joan de Missa wird in Ciutadella das bedeutendste Fest des Jahres gefeiert: Haselnussschlacht, *jaleo, colcades, caragols* ... bis hin zu den Reiterspielen in Es Pla: *ses carotes, ses ensortilles, córrer abraçats* ...

Sant Pere. 29. Juni bzw. der darauffolgende Samstag. Hafenfest im Port de Maó. Dazu gehören typische Spiele, wie *es capellet*, Havanera-Konzerte und Feiern in S'Hort Nou. Außerdem werden Segel- und Ruderregatten veranstaltet.

Juli

Commemoració de l'assalt dels turcs von 1558. Am 9. Juli finden in Ciutadella Veranstaltungen zum Gedenken des *s'any de sa desgràcia* statt (im Jahre 1558 hatte die Bevölkerung die Folgen eines Überfalls durch die türkischen Truppen zu erleiden). Das „Llibre Vermell de l'Acta de Constantinoble" wird öffentlich verlesen und danach wird die Zusammensetzung der *Junta de Caixers* für das kommende Jahr verkündet.

Festa de Sant Cristòfol. 10. Juli in Es Migjorn Gran. Segnung der Fahrzeuge, Jahrmarkt und Tanzabende.

Processons marineres del Carme. 15. und 16. Juli. In den Häfen von Maó, Fornells und Ciutadella werden in geschmückten Booten die Heiligenbilder der Virgen del Carmen ausgefahren.

Festes de Sant Jaume. 24. und 25. Juli. Fest zu Ehren des Ortspatrons von Es Castell.

Festes de Sant Martí. In Es Mercadal am dritten Wochenende des Monats.

Festes de Sant Antoni. In Fornells, am vierten Wochenende des Monats.

Festes de Sant Cristòfol de ses Corregudes. In Es Migjorn Gran, am fünften Juliwochenende oder am ersten Augustwochenende.

August

Festes de Sant Gaietá. In Llucmassanes, am ersten Wochenende des Monats.

Festes de Sant Llorenç. In Alaior am ersten Wochenende nach dem 10. August.

Festes de Sant Climent. Am dritten Wochenende des Monats.

Festes de Sant Bartomeu. In Ferreries, am 23., 24. und 25. August.

Festes de Sant Lluís. Am letzten Wochenende des Monats.

September

Festes de Gràcia. In Maó, am 7. und 8. September. Viele verschiedene Festakte; besonders hervorzuheben sind dabei die einst vergessenen und wieder erneut veranstalteten *corregudes des Cós*.

Festa de Sant Miquel. In Es Migjorn Gran, am 29. September. Jahrmarkt und alle fünf Jahre wird die Feierlichkeit mit Pferden und *jaleo* begangen.

November

Tots Sants. Am 1. November (Allerheiligen). Auf der ganzen Insel werden an diesem Tag die traditionellen Honigkuchen gebacken und verzehrt.

Dezember

Weihnachten. In vielen Ortschaften wird das traditionelle Weihnachtsstück

Els Pastorells aufgeführt. In Maó wird die sogenannte Diorama-Ausstellung veranstaltet, die an verschiedenen Orten aufgebauten Krippenspiele werden besichtigt (besonders erwähnenswert sind die Krippenspiele des Seminari und Santa Clara).

Silversternacht und Neujahr. In den verschiedenen Ortschaften werden von den *ses campanades* auf den Plätzen mit einer öffentlichen Uhr Neujahrsfeiern organisiert.

Weitere kulturelle Ereignisse

Codolades

Unter diesem Namen kennt man die volkstümlichen satirischen Dichtungen, die unter Verwendung eines besonderen Versmaßes bestimmte Situationen oder Ereignisse des örtlichen Lebens erörtern

Glosats

Dichterwettstreit mit zwei oder mehr Teilnehmern, bei denen die Widersacher einander mit Versen „bekämpfen", die hinsichtlich der Strophenform und des Silbenrhythmus sehr strengen Regeln unterliegen. Eine Gitarre untermalt die Rezitation und gibt den Rhythmus der Dichtung vor.

Beide Kunstformen erleben derzeit eine wahre Renaissance, was nicht zuletzt den Bemühungen der Gruppen aus Ferreries und Ciutadella zu verdanken ist, die in regelmäßigen Abständen an verschiedenen Stellen der Insel Rezitationsabende veranstalten.

SPORT AUF MENORCA

In den letzten Jahren ist das Angebot zur Ausübung verschiedener Sportarten auf Menorca stark gewachsen; es wurden neue Anlagen geschaffen, Wettkämpfe ausgerichtet und Schauveranstaltungen organisiert. Alle Orte verfügen über einen eigenen Sportkomplex, und auch in vielen Hotels und Feriensiedlungen sind Sportanlagen zu finden.

Wir möchten jetzt nicht auf die Wettkampfsportarten wie Fußball oder Basketball, die Turniere, an denen nur eingetragene Mannschaften teilnehmen dürfen, und auf die Sportschulen der verschiedenen Gemeindeverwaltungen eingehen, sondern nur die Anlagen und Sportarten erwähnen, die auch den gelegentlichen Besuchern zugänglich sind.

Cricket

Da auf der Insel viele britische Staatsbürger leben, wurde ein **Cricket-Klub** gegründet.

Bereits vor etwa zehn Jahren kam es, begünstigt durch die zahlreichen ansässigen Briten, zur Gründung des Klubs. Er befindet sich im Gemeindegebiet von Sant Lluís und verfügt neben den gewöhnlichen Serviceeinrichtungen als einzige Anlage dieser Art in ganz Spanien über einen Rasen. Die Spiele finden gewöhnlich samstags statt. Gelegentlich kommt es zu Derbys zwischen ausländischen und lokalen Teams. Tel. 971 150 398. www.menorcacricketclub.com

Golf

Son Parc, der einzige Golfclub der Insel in der gleichnamigen Siedlung im Gemeindegebiet von Es Mercadal, verfügt über ansprechende Anlagen mit 18 Löchern. Tel. 971 188 875, web: www.golfsonparc.com. Ursprünglich sollten weitere Plätze an anderen Stellen der Insel angelegt werden, aber man stieß aufgrund der ökologischen Auswirkungen dieser Anlagen auf einen großen Widerstand unter der Bevölkerung.

Reitsport

Es wurde bereits angesprochen, wie wichtig Pferde bei den Festen auf Menorca sind, doch geht die Liebe zur Pferdehaltung und zum Pferdesport noch viel weiter. Jedes Jahr werden Zuchtwettbewerbe veranstaltet, um die Reinheit und die Qualitäten der einheimischen Rasse zu pflegen und zu erhalten. Das Angebot für Liebhaber des Pferdesports ist sehr vielfältig. Wir möchten kurz die wichtigsten Veranstaltungen erwähnen.

Auf den Rennbahnen von Maó (Carretera de Mao-Sant Lluís, Tel. 971 368 662), und Ciutadella (Torre del Ram, Tel. 971 388 038) werden an fast allen Sonn- und Feiertagen Trab- oder Galopprennen veranstaltet; natürlich fehlt auch der dazugehörige Wettbetrieb nicht. Übrigens finden auf keiner anderen spanischen Rennbahn Traberrennen statt. (www.eltrotdelesbalears.com)

In den Klubs, die zum dem Verband **Federación Hípica Balear** (Tel. 971 154 225) gehören, wird Unterricht im menorquinischen oder klassischen Dressurreiten angeboten. Ebenfalls gibt es dort Pferde für den einfachen Reitunterricht und Reitausflüge. Die wichtigsten Reitsportzentren sind:

Club Escola Menorquina. Carretera Cala Galdana, km 0,5. Ferreries. Von Juni bis Oktober finden Dressurvorführungen statt, mittwochs und sonntags um 20:30 Uhr. Tel. 971 155 059 und 971 373 497; web: www.showmenorca.com

Club Hípic Alaior. Es Cós. Tel. 670 343 975

Club Hípic Ferreries. Crtera. de Es Migjorn Gran, Tel. 676 876 361.

Club Hípic Ciutadella. Camí de Es Caragol, Tel. 971 382 673

Club Hípic Maó. Camí de Talatí, Tel. 626 084 352

Club Hípic Sa Creueta. Carrer Figuerenya, 18, in Es Migjorn Gran, Tel. 616 953 636

Club Hípic Ses Ramones. Carrer Hort des Jurats, in Es Mercadal, Tel. 971 375 054

Reitschulen:

Escola Eqüestre Menorquina. Camí de Es Caragol, in Ciutadella, Tel. 971 383 425

Grup Cavallers Quadres Bintaufa. Carrer Cós de Gràcia, 56, in Maó. Tel. 670 214 292

Menorca a Cavall. Lloc de Santa Rita. Carretera Es Mercadal-Ferreries, Tel. 626 593 737

Tennis

Aufgrund der zunehmenden Popularität dieses Sportes gibt es in vielen Orten öffentliche Tennisplätze und auch in Hotels und Feriensiedlungen sind zahlreiche Plätze entstanden. Unter anderem möchten wir folgende Klubs erwähnen: **C.T. Maó**, Tel. 971 365 703; **C.T. Malbuger**, Tel. 971 362 535; **C.T. S'Algar**, Tel. 971 150 361; **C.T. Ciutadella**, Tel. 971 388 456; **C.T. Oar**, Tel. 971 482 631; **C.T. Alaior**, Tel. 971 378 618

Es gibt auch einige Paddle-Plätze.

Weitere Freizeitangebote

Wer einen Blick von oben auf die Insel werfen möchte, kann im **Aeroclub** von Sant Lluís einen Rundflug buchen (Tel. 971 361 672; www.aeroclubmenorca.com). Auf demselben Gelände befindet sich außerdem eine Kartbahn, hier können Fahrzeuge gemietet werden.

Die Gruppe **GOB (Grup Balear d'Ornitologia)** bietet alternative Ausflüge über die Insel an: Ausflüge in kleinen Gruppen ins Inland, an den Strand oder archäologische Routen; interessante Aktivitäten für Vogelfreunde und Naturliebhaber. In Maó, Camí des Castell, 53, von 9:00 bis 15:00 Uhr. Tel. 35 07 62 y www.gobmenorca.com.

Traditionelle Spiele: Von den Spielen, mit denen sich früher die Inselbevölkerung vergnügte, ist wenig überliefert. Eines dieser Spiele, *La Boll***a** wird nur noch in einem einzigen Lokal in Sant Lluís gepflegt, das zur Gaststätte La Bolla in Es Cos Nr. 56 gehört. Es ähnelt in mancher Hinsicht dem Bocciaspiel, so dass man vermutet, dass es während der Besetzung der Insel durch Frankreich entstanden ist.

Das auf der Insel entstandene *Joc Maonès* ist eher ein Kampfsport als ein Spiel. Bisher war es nur wenigen Liebhabern und Meistern vorbehalten, die seine von Generation zu Generation mündlich überlieferten Regeln kannten. Aber dieses Spiel scheint wieder an Popularität zu gewinnen, so dass es sogar einen Klub gibt, den **Club Esportiu de Joc Maonès**, Tel. 971 350 693.

Man muss hoffen, dass dieses Interesse weiter bestehen bleibt, und dass auch die Institutionen ihren Teil dazu beitragen, denn dieses Spiel besitzt nicht nur kulturellen Wert, sondern es ist auch sehr elegant. Da sind zunächst die einleitenden Schritte, die *tocs,* die dann allmählich in den wirklich Kampf übergehen, den man als *rodar* bezeichnet. Dieser Kampfsport ist nicht gefährlich, da die Meister stets darauf geachtet haben, ihre Schüler gut vorzubereiten.

WASSERSPORT

Das Wassersportangebot auf Menorca ist sehr vielfältig. Man kann Segel- und Motorboote, Tretboote und Surfbretter mieten. Obwohl es an der gesamten Küste viele geschützte Häfen gibt und die Insel eine lange Tradition im klassischen Rudersport aufzuweisen hat, konnte sich der Kanusport erst in letzter Zeit durchsetzen. Inzwischen gibt es im Hafen von Maó einen Kanuverein, der die Regeln für diesen Sport festlegt und gelegentlich Boote verleiht. (Tel. 649 814 069). Verschiedene Hotels an der Küste bieten diese Sportart nun auch zusätzlich an.

• Die Häfen von Maó, Ciutadella und Fornells besitzen ebenso wie die kleineren Häfen der verschiedenen Feriensiedlungen eine ausgezeichnete Infrastruktur.Was das Ausleihen von Booten angeht, beachten Sie bitte, dass die Nachfrage in der Hochsaison deutlich ansteigt. Nachfolgend einige Hinweise zu den Angeboten im Bereich des Wassersports.

Im Hafen von Maó werden Segel- und Motorboote vermietet: **Nautic Fun** vermietet (Tel. 971 364 250), www.nauticfunmenorca.com). in Sa Colàrsega, und **Menorca Nàutic** (Tel. 971 354 543, www.menorcanautic.com), am Moll de Llevant.

Möchten Sie jedoch eine einfache Hafenrundfahrt machen, so haben Sie dazu am Moll de Ponent Gelegenheit. Die Ausflüge dauern ungefähr eine Stunde und werden von Reiseführern in verschiedenen Sprachen kommentiert. Die meisten Boote haben einen Glasboden, durch den man die Unterwasserlandschaft betrachten kann. Empfehlenswert sind die Boote von **Yellow Catamarans** (Tel. 639 676 351, www.yellowcatamarans.com. Vom Hafen von Es Castell aus werden ähnliche Fahrten angeboten.

Ebenso ideal ist der Hafen Port de Fornells für den Wassersport geeignet, auch hier werden in **Servinàutic Menorca** (Tel. 971 376 636, www.servinauticmenorca.com) Motor- und Ruderboote vermietet. **Windsurf Fornells** (Tel. 971 188 150, www.windfornells.com) vermietet Surfbretter, Segelboote und Katamarane.

Der **Club Nàutic ses Salines** ist eine erstklassige Segelschule.

Im Hafen von Ciutadella wie auch in Cala Galdana liegen Boote bereit, die den Besucher an die verschiedenen Strände der Südküste bringen. Mehrere davon sind ebenfalls Boote mit Glasboden; dies ist hier um so faszinierender, da die Fahrtrouten eigens dafür ausgewählt werden. Auch im Hafen von Ciutadella werden Boote vermietet, beispielweise von **Menorcaboats**, C/Marina, 66, Moll Comercial. Tel 971 484 281.

Es gibt Tauchclubs in **S'Algar, Diving & Water Sports** (Tel. 971 150 601, www.salgardiving.com), und in Cala Torret, **Triton Diving Center** (Tel. 971 188 528, www.tritondivingcenter.com), beide im Gemeindegebiet von Sant Lluís. In Fornells befindet sich der **Menorca Diving Club** (Tel. 971 376 424, www.menorcadivingclub.net) und in Port d'Addaia, **Ulmo Diving** (Tel. 971 359 005, www.ulmodiving.com) im Gemeindegebiet von Es Mercadal. In der Siedlung Son Xoriguer gibt es das Tauchzenter **Sub Menorca Centro de Buceo** (971 387 834, www.submenorca.de) und in Ciutadella, **Ciutadella Diving Center** (971 386 030, www.divingcenterciutadella.es).

Für weitere Informationen setzen Sie sich mit dem Balearischen Verband für Unterwassersport (**Federación Balear de Actividades Subacuáticas**) in Verbindung. Tel. 971 708 785, www.fbdas.es oder mit dem Balearischen Segelverband (**Federación Balear de Vela**). Tel. 971 402 412, www.federacionbalearvela.org

UNTERBRINGUNG

Das Angebot an Hotels, Pensionen und Apartments ist reichhaltig und hinlänglich bekannt, so dass wir auf eine ausführliche Aufstellung verzichten werden. Wir möchten nur jene alternativen Unterbringungsmöglichkeiten erwähnen, die einen Beitrag zum Umweltschutz leisten.

Es gibt eine Reihe kleiner Hotels, die sorgsam den Merkmalen der Landschaft und der Inselarchitektur angepasst wurden, ohne deshalb bei Service und Komfort Abstriche zu machen. Da jedoch die Bettenzahl zumeist begrenzt ist, sollte in jedem Fall vorab reserviert werden. Wir möchten folgende anführen:

Hotel Almirante. Ein schön renoviertes Gebäude im Kolonialstil aus dem 18. Jahrhundert. Hier wohnte Admiral Collingwood, ein Zeitgenosse von Lord Nelson. Das Hotel hat einen gepflegten Garten, Swimmingpool und Tennisplatz. Eines der Zimmer soll noch von Gespenstern bevölkert sein. An der Landstraße Maó-Es Castell, Tel.971 362 700.

S'Engolidor. Ein altes Landhaus, das mittlerweile zum Ort gehört. Das Gästehaus hat nur vier Zimmer. Wunderschöne-Anlagen, mit großem Respekt für den einstigen Stil gestaltet. Berühmt für seine vorzügliche regionale Küche. Der wunderschöne Garten liegt direkt an der Steilküste. In Es Migjorn Gran, C/Major Nr. 3, Tel. 971 370 193.

Asociación Hotelera de Menorca, (Hotelfachverband Menorca), Information und Reservierungen unter Tel. 972 110 111, www.visitmenorca.com.

Andere Optionen, die es nun auch in Menorca gibt, sind der sogenannte Landtourismus und Agrotourismus in Häusern auf dem Lande, den *llocs*, in denen es Unterkünfte für diejenigen gibt, die das Landleben und die Natur lieben.

Agroturismus

Alcaufar Vell. Carretera de Sant Lluís a Alcalfar, km 8 (971 151 874, www.alcaufarvell.com). Zweiundzwanzig Doppelzimmer. In ländlicher Lage in der Region Levante. Freizeitangebot: Organisation von Familien- oder Betriebsfeiern, Fahrradrouten, Wandern.

Biniatram. In Ciutadella, Landstraße nach Cala Morell, nach der Kreuzung mit dem Weg nach Algaiarens. (971 383 113, www.biniatram.com) Herrenhaus mit vier Zimmern, Swimmingpool und Tennisplatz. Hier kann man die Umgebung und die lokale Küche kennen lernen.

Binisaïd. In Ferreries, Landstraße nach Cala Galdana, km 4,3. (971 155 063 und 971 352 303, binisaid@terra.es). In einem üppigen Wald zwischen Schluchten gelegen. Sechs Zimmer und verschiedene Dienstleistungen, Swimmingpool und Sportplatz.

Lloc de Sant Tomàs. In Ciutadella, Camí Vell de Maó, km 3. Drei Zimmer. Es können Ausritte unternommen und die typischen Produkte der Insel gekostet werden. (971 188 051, www.baleares.com/fincas/lloctomas)

Llucmaçanes Gran (Maó). Pla de Sant Gaietà, 10. Vier Zimmer (971 352 117, www.llucmagran.com).

Matxaní Gran. Carretera von Sant Climent nach Binidalí. Sechs Zimmer (971 153 300, www.menorcacountryhouse.com)

Sant Joan de Binissaïda. Camí de Binissaïda, 108. Zwischen Es Castell und Sant Lluís, acht Zimmer (971 355 598, www.binissaida.com).

Son Triay Nou. In Ferreries, Landstraße nach Cala Galdana, km 2,3. Vier Zimmer, Swimmingpool, Tennisplatz, Garten und eine wunderschöne, ländliche Umgebung. (971 155 078 y 600 074 441, www.sontriay.com).

Talatí de Dalt. Camí de Talatí (Maó). Vier Zimmer (971 371 158)

Ca na Xini. Camino de Sant Patrici (Ferreries). Fünf Zimmer (971 373 702, www.canaxini.com)

Landhotels und Tourismus auf dem Lande

Biniarroca. Camí Vell 57, Sant Lluís. Achtzehn Zimmer. (971 150 059, www.biniarroca.com).

Binigaus Vell. Camí de sa mala garba, km. 0,9, Es Migjorn Gran. Veinte habitaciones. (971 054 050, www.binigausvell.com).

Binissafullet Vell. Carretera Binisafullet 64, Sant Lluís. Acht Zimmer. (971 156 633, www.binissafullet.com).

Morvedrà Nou. Camí de Sant Joan de Missa, siebzehn Zimmer und eine Junior Suite (971 359 521, www.morvedranou.es) .

Sant Ignasi. Carretera Cala Morell. Achtzehn Zimmer und zwei Junior Suites. (971 385 575, www.santignasi.com).

Son Tretze. Binifadet 20, Sant Lluís. Acht Zimmer und ein Vielzwecksaal. ((971 150 943, www.amaca.com/sontretze.

Casa Albertí. Isabel II, 9, Maó. Herrenhaus aus dem Jahr 1740, mitten in der Altstadt. Sechs Zimmer, alle mit Bad. Alle Zimmer unterschiedlich gestaltet. (971 354 210, www.casalberti.com)

Camping

Das Zelten in der freien Natur ist da schon problematischer, selbst für die Einheimischen, weil die Eigentümer der Grundstücke nur ungern ihre Einwilligung dazu geben. Es wird deshalb empfohlen, geeignete Campingplätze aufzusuchen und rechtzeitig zu reservieren, vor allem in der Osterwoche (die Öffnungszeiten hängen von der Nachfrage und dem Wetter ab) und in der Tiefsaison.

Camping S'Atalaia. Landstraße von Ferreries nach Cala Galdana, km 4. (971 374 232, www.campingsatalaia.com). Alle Arten von Dienstleistungen, Swimmingpool, 3 km vom Strand entfernt, den ganzen Sommer über geöffnet. Verkehrsmittel: Omnibus nach Ferreries/allen Dörfern und Cala Galdana. Tel. 37 42 32 / 37 30 95.

Camping Son Bou. Am km 3,5 der Landstraße Sant Jaume, in Alaior. (971 372 727, www.campingsonbou.com). Außerdem gibt es Parzellen, Bungalows und Holzhäuser (Mobil homes). Alle Arten von Dienstleistungen, Minigolf, Sportplätze, Swimmingpool und Solarium. 2,5 km vom Strand entfernt, zentrale Lage auf der Insel.

Ferner gibt es noch einige Herbergen in ehemaligen Wachtürmen oder Landhäusern, die restauriert und für die Unterbringung von Gruppen hergerichtet wurden. Sie gehören entweder zum Bistum oder den Gemeindeverwaltungen. In der Regel sind sie Schülern oder Kultur- bzw. Freizeitvereinigungen vorbehalten, doch wenn freie Kapazitäten vorhanden sind, können auch andere Gruppen oder Familien eine Unterbringung beantragen. Normalerweise gibt es in diesen Herbergen eine Küche, Bäder und große Zimmer mit Doppelstockbetten. Genannt seien hier die wichtigsten:

Alaior

Binixems. Landherberge an der Kappelle, mit Doppelbetten und grundlegenden Dienstleistungen. Tel. 971 371 107.

Santa Eularieta. Landherberge mit Gemeinschaftsschlafzimmern. Tel. 971 365 073.

Ciutadella

Es Pinaret. Gut ausgestattete Herberge und Zeltplatz; 971 381 050

Sant Joan de Missa. Neben der gleichnamigen Kapelle, gute sanitäre Anlagen. 971 381 082

Es Torretó. Landherberge. Tel. 971 365 073.

Sa Vinyeta. Jugendherberge...für alle Altersgruppen offen. Gute Ausstattung. Tel. 971 365 073.

Es Mercadal

Santuari del Toro. Ein besonders interessanter Ort, Unterbringung in den ehemaligen Klosterzellen; 971 375 060

Ferreries

Es Canaló. Vorne an der Schlucht Algendar; 971 374 072

Sant Lluís

Ferienlager Biniparratx. Mit Hütte und freiem Campen; 971 364 534

Es Pinaret de s'Algar. Zeltplatz mit Trinkwasser, Holztischen und Bänken. 971 150950.

GASTRONOMIE

Gin, Käse - wenn man vom Essen auf Menorca spricht, kommt man an daran einfach nicht vorbei. Doch die Küche der Insel hat noch viele andere Spezialitäten zu bieten, die genauso wohlschmeckend sind. Wer die Geheimnisse der Gastronomie Menorcas entdecken möchte, kann sich von dem bereits zum Klassiker gewordenen Kochbuch *De Re Cibaria* leiten lassen. In dem Buch werden auf sehr anschauliche Weise beliebte und leicht zuzubereitende Gerichte vorgestellt, aber auch andere, die fast schon in Vergessenheit geraten sind. Wer sich bei der Erkundung der Kochkunst Menorcas lieber auf seinen Gaumen verlässt, wird ohne Mühe den Ursprung der einzelnen Gerichte ausmachen können. Da ist zum einen die „Jahreszeitenküche" mit den Zutaten, die Meer, Garten und Felder gerade zu bieten haben, und die Küche, die durch den Einfluss der verschiedenen Besetzer der Insel entstanden ist (Araber, Briten, Franzosen).

Die *oliaigo*, manchmal mit Feigen zubereitet, ist ein einfaches Gericht, das man gewöhnlich auf der Speisekarte der Saison findet: es erfordert eine sorgfältige Zubereitung und wird aus gerösteten Zwiebeln, Knoblauch, grünem Paprika und reichlich Tomatenpüree zubereitet. Dazu wird Brot und *sopes*, eine Art Maistortilla, serviert.

Die *caldereta de llagosta* (Langustentopf), das berühmteste Gericht der Insel, war vor dem Einzug des Tourismus ein ebenso einfache Speise wie *oliaigo*, das von den Fischern auf den Booten zubereitet wurde. Heute dagegen gilt es als Delikatesse.

Die *caldereta* kann auch mit Fisch und Meeresfrüchten zubereitet werden.

Man muss nicht unbedingt nur die exquisitesten Speisen wählen: der *arròs de la terra* (der dem nordafrikanischen Kuskus ähnelt) oder die im Ofen gebackenen Auberginen sind, wenn sie gut zubereitet werden, sehr einfache und dennoch überaus wohlschmeckende Gerichte. Es gibt eine Unmenge von Speisen, die mit gebackenem Teig zubereitet werden, angefangen bei den *formatjades* bis hin zu den *coques de tomàtiga*. Unter den Wurstwaren wären die *sobrassada*, *camot* und *carn i xua* zu nennen. Auch das Meer hat Delikatessen zu bieten: *escopinyes gravades*, *dàtils*, *peus de cabrit*, *corns*. Es gibt unzählige Süßspeisen: *crespells*, *pastissets*, *ensaïmadas*... Man sollte unbedingt bei Ca's Sucrer in Es Mercadal vorbeischauen, um die *amargos* oder die *carquinyols* zu probieren. Wer kann an der Existenz einer eigenständigen Kochkunst in Menorca zweifeln, wenn doch die internationalste aller Saucen, die *maonesa* – oder auch Mayonnaise –, ihren Namen und ihre Entstehung der Stadt Maó verdankt?

Die nächste Frage ist logischerweise: Wo isst man besonders gut? Nun... das Angebot ist groß, es gibt eine Unzahl von Gaststätten, und die Qualität des Speisenangebots ist von Restaurant zu Restaurant verschieden. Für viele von ihnen schlägt die Fremdenverkehrsindustrie die Werbetrommel und preist ihre Vorzüge. Doch es lohnt sich durchaus, ein wenig auf Abenteuer auszuziehen; man kann dabei so manche angenehme Überraschung erleben. Die folgenden Hinweise sollen lediglich eine kleine Orientierung geben; aufgrund ihrer Kürze können sie gar nicht der Gesamtheit des existierenden Angebots gerecht werden, wofür wir jetzt schon um Nachsicht bitten möchten.

Traditionelle Küche

Immer mehr Restaurants bieten traditionelle Küche an, aber einige sind aufgrund der hohen Qualität der Gerichte und der alten Rezepte der menorquinischen Küche, an die man sich wieder erinnert hat, besonders empfehlenswert.

Ca n'Aguedet. Restaurant und eigene Bodega, C/ Lepanto, 23, Es Mercadal (971 375 391 das Restaurant, 971 375 334 die Bodega).

S'Engolidor, in Es Migjorn Gran, wurde bereits als kleiner Gasthof im vorhergehenden Kapitel erwähnt, C/ Major, 3. Reservas al 971 370 193.

Molí des Racó. Ehemalige Mehlmühle, die in ein Restaurant umgebaut wurde. In C/ Major, 53, Es Mercadal. Tel. 971 375 392

Fischgerichte und Meeresfrüchte

Da Menorca vom Meer umgeben ist, bieten auch viele Restaurants Gerichte mit Fisch und Meeresfrüchten an. Es gibt verschiedene Qualitäten und Preislagen, angefangen bei einfach zubereiteten Fischgerichten bis zu Restaurants mit einem umfassenden Angebot an Wein, Reisspeisen und *calderetas*. Viele dieser Restaurants liegen an der Küste, so dass die wundervolle Aussicht die ideale Beilage für die gewählten Gerichte ist. Wir möchten folgende Restaurants aufgrund ihrer Lage und Qualität empfehlen:

Ciutadella

Café Balear. Bekanntes Restaurant im Hafen mit eigenem Fischerboot. Deshalb sind die Fischgerichte immer besonders vielfältig und frisch. Pla de Sant Joan, 15. Reservierungen unter Tel. 971 380 005

Restaurante des Port. In einer Höhle in der Steilküste des Hafens. Hier werden alle Arten von Reisgerichten und eine umfassende Auswahl an Weinen angeboten. C/ Marina, 23, Tel. 971 480 022

Es Castell

El Trébol. Bekanntes Restaurant mit Stammkundschaft. Der Gast wird sehr gut bedient und die Zutaten sind qualitativ sehr hochwertig. Es liegt in der schönen Fußgängerzone des Hafens von Cales Fonts, 43. Tel. 971 367 097

Vell Parrander. Ebenfalls in Cales Fonts, 52. Spezialität des Hauses sind die *caldereta de llangosta* und Fisch von der Insel. Vielleicht erleben Sie, wie eines der typischen menorquinischen Fischerboote (*llaüt*) hier seinen Fisch ablädt, oder mit etwas Glück werden im Restaurant Havaneras gesungen. Tel. 971 369 419

Ferreries

Binisues. Spezialität des Hauses sind Langusten, Reisgerichte und Fisch von der Insel. Sehr interessant aufgrund der traditionellen Architektur und einer Austellung von Antiquitäten, Ackergeräten und typischen Objekten des ländlichen Lebens. Im Gemeindegebiet von Ferreries, km 31,6 der Landstraße Maó-Ciutadella, am Abzweig des Weges von Els Alocs. Tel. 971 373 728.

Fornells

Es Cranc Pelut. Am Paseo Marítimo, 98, vor der Bucht von Fornells, der Hauptstadt der *caldereta de llangosta*. Eines der Restaurants, das die beste *caldereta* zubereitet. Die Meeresfrüchte sind ausgezeichnet. Reservierungen unter Tel. 971 376 743.

Sa Llagosta. Auch hier wird eine ausgezeichnete *caldereta* zubereitet, außerdem werden Fisch und Meeresfrüchte und einige Gerichte der kreativen Küche angeboten. Gabriel Gelabert, 12. Telefono 971 376 566

Ses Salines. In der gleichnamigen Siedlung gelegen. Das Restaurant hat eine Terrasse, die über dem Meer zu schweben scheint. Moderne und sehr gepflegte Küche. Tel. 971 376 491

Maó

S'Espigó. Kleines, familiäres und sehr gemütliches Restaurant. Frischer Fisch und Meeresfrüchte. Moll de Llevant, 267. Reservierungen unter Tel. 971 369 909

Es Cap Roig. In der Nähe des Strandes Cerca Sa Mesquida über der Steilküste liegt dieses Restaurant in wundervoller Umgebung. Große Auswahl an frischen Fischgerichten, unter anderem der typische menorquinische Kaisergranat. Rechts an der Landstraße vor Mesquida. Reservierungen unter Tel. 971 188 383.

Tapas und kleine Gerichte in Meeresnähe

Bar Tritón. Im Hafen von Ciutadella. Große Auswahl an Tapas.

Es Bruc. Mit einer großen Terrasse vor dem Strand Santo Tomás in Es Migjorn Gran. Wundervoller Blick auf den Sonnenuntergang. Es werden vor allem Fleischgerichte der Insel angeboten, die man nach einem erfrischenden Bad im Meer genießen kann.

Wimpi. Große Auswahl an köstlichen Tapas in Ferreries. Täglich und fast durchgehend geöffnet.

Can Bernat. Das traditionellste Lokal von Es Grau. Es wurde renoviert und man hat eine große Auswahl an menorquinischen Tapas.

La Rueda. In Sant Lluís, ein bei den Menorquinern aus dem Osten sehr beliebtes Tapa-Lokal.

Son Ganxo, **Es Caragol** und **Club Nàutic de Binisafúa** sind ebenfalls kleine Restaurants in Sant Lluís, wo man exzellentes Fleisch oder Fisch am Meer genießen kann.

Ca na Rosa. Spezialität des Hauses sind Käse- und Wurstplatten. Ein angenehmes Lokal an einem kleinen Platz in der Siedlung Cala Torret.

Ses Forquilles. Im Zentrum von Maó, sa Rovellada de Dalt, mit kreativen Tapas, von denen viele im Moment der Bestellung zubereitet werden.

Besonders reizvolle Restaurants

In Menorca gibt es viele Restaurants, in denen die Besitzer sich selbst um alles bis in die letzte Einzelheit kümmern. Viele davon befinden sich in typischen menorquinischen Häusern, auf dem Land oder in einem Dorf. Es werden sorgfältig zubereitete Gerichte angeboten, viele davon mit einem eigenen Stil. Diese Restaurants eignen sich ideal für ein Abendessen mit Freunden oder für besondere Anlässe, vor allem in Sommernächten.

Ciutadella

Cas Ferrer de sa Font. In der ehemaligen Schmiede des Dorfes, in Portal de sa Font, 16. Gute mediterrante und menorquinische Küche in einer gemütlichen Umgebung. Tel. 971 480 784.

Cas Cònsul. An dem Plaça des Born. Ein altes Haus, das sehr modern umgebaut wurde. Wundervoller Blick auf den Hafen. Reservierungen unter Tel. 971 484 654

Es Mercadal

Ca n'Olga. Angenehme Umgebung und ausgezeichnetes Essen, ein typisches Lokal im Zentrum der Insel, das bereits zu einem Klassiker geworden ist. Pont de na Macarrana. Tel. 971 375 459

Ferreries.

Liorna. In einem alten Dorfhaus. Ausstellungen örtlicher Künstler, gepflegte Küche und ausgezeichnete Bedienung, das findet man in diesem kleinen Restaurant in der C/de Dalt, 9. Reservierungen unter Tel. 971 373 912

Maó

Marivent. Edles Restaurant mit einem wundervollen Blick auf den Hafen von der Terasse auch, Designer- und Avantgardeküche und eine umfassende Auswahl an Weinen. Moll de Llevant, 314. Tel. 971 369 801

Sant Climent

Es Molí de Foc. Spezialisiert auf mediterrane Küche und Reisgerichte. Dieses Restaurant in einem alten Dorfhaus besteht schon seit vielen Jahren. C/ Sant Llorenç, 65. Reservierungen unter Tel. 971 153 222

Sant Lluís

Sa Pedrera des Pujol. Schönes Landhaus im Weiler Torret, 23. Ein romantisches Restaurant mit Gartenterrasse, wo man bereits vergessenen menorquinische Gerichte wieder zubereitet und ihnen einen eigenen Stil gibt. Umfassende Auswahl an Weinen. Tel. 971 150 717

La Caraba. Ein klassisches Restaurant für Abendessen im Sommer in dem alten Haus S'Uestrà, 78. Die Küche ist originell und wohlschmeckend, es werden ausgezeichnete Zutaten verwendet und die Bedienung ist erstklassig. Reservierungen unter Tel. 971 150 682

Sa Parereta d'en Doro. Am Weg nach Binisafuet, 75, liegt dieses sehr typische menorquinische Restaurant mit einer ausgezeichneten Küche. Tel. 971 150 353

VERKEHRSVERBINDUNGEN

Flugzeug

Es gibt zwei Fluggesellschaften, die das ganze Jahr über Linienflüge von Barcelona, Palma de Mallorca, Madrid und Valencia aus anbieten:

Iberia (902 400 500, www.iberia.es) und **Air Europa** (902 401 501, www.aireuropa.com). Das Angebot wird in der Osterwoche und im Sommer erweitert. Regelmäβige Flüge bieten folgende Fluggesellschaften an: **Spanair** (902 929 191, www.spainair.com) und **Vueling** (902 333 933, www.vueling.com). Während der Osterwoche und im Sommer gibt es mehr Flüge, da dann verschiedene Fluggesellschaften Flugverbindungen zwischen der Insel und verschiedenen europäischen Hauptstädten anbieten.

Der Flughafen liegt an der Landstraße Me-14, zwischen Maó und Sant Climent, 971 157 000, www.aena.es

Schiffe

Das ganze Jahr über unterhält die Gesellschaft **Acciona-Trasmediterránea** dreimal wöchentlich eine direkte Schiffsverbindung zwischen den Häfen Maó und Barcelona. An Ostern und in den Sommermonaten wird diese Verbindung täglich angeboten; in den Spitzenzeiten der Hochsaison wird gewöhnlich ein zweites Schiff eingesetzt. Es gibt zwei Arten von Verbindugnen, ein Schnellboot, das die Strecke in vier Stunden zurücklegt, und eine andere Fähre, die acht Stunden braucht.

Eine weitere feste Verbindung gibt es zwischen Maó-Palma (Fahrzeit ung. 6 Stunden), diese Fähre fährt dann nach Valencia weiter, und zwar das ganze Jahr über einmal die Woche. (902 454 645, www.trasmediterranea.es)

Baleària (902 160 180, www.balearia.com) bietet das ganze Jahr über zwei Überfahrten nach Barcelona an, eine im Schnellboot und eine in einer normalen Fähre, und eine Verbindung nach Mallorca (schnell).

Iscomar (902 119 128, www.iscomarferrys.com) bietet zweimal täglich eine Verbindung zwischen Ciutadella und Alcúdia an, die Reise dauert drei Stunden. Eine gute Möglichkeit, um mit dem eigenen Auto von einer Insel auf die andere überzusetzen.

Cape Balear (902 100 444, www.capebalear.es) verbindet einmal täglich Ciutadella mit Cala Rajada (nur Personen).

Busse

Es gibt drei Buslinien:

Transports Menorca S.A. (971 360 475, www.transportesmenorca.net) fährt die Strecke Maó–Ciutadella, Maó–Es Castell, Maó–Sant Lluís, Maó–Es Migjorn Gran–Ferreries, Maó–Sant Climent und in die Siedlungen im Südosten. Der Busbahnhof von Maó befindet sich in s'Esplanada.

Autos Fornells S.A. (971 376 621/971 376 430, www.e-torres.net) verbindet Maó mit Fornells und den Siedlungen an den Stränden der Nordostküste (Arenal d'en Castell, Son Parc, Platges de Fornells y Es Grau).

Autocars Torres (971 386 461) verbindet Ciutadella mit den Siedlungen an den Stränden der Umgebung (Sa Caleta, Santandria, Cala Blanca, Cala en Bosc, Son Xoriguer, Cala en Blanes, Los Delfines und Cala en Forcat).

Fragen Sie die Fahrzeiten in den Büros der Busunternehmen oder bei der Touristeninformation an und beachten Sie, dass im Winter weniger Busse fahren. Sie können diese Informationen auch in der Zeitung **Diari Menorca** (www.menorca.info) einsehen, auf der täglich eine Seite mit den Abfahrts- und Abflugzeiten der Flugzeuge, Schiffe, Busse, den Öffnungszeiten der Tankstellen, den Apotheken, die Notdienst haben, dem Kinoprogramm und einem Veranstaltungskalender veröffentlicht wird.

Auto

In den meisten Ortschaften haben einheimische oder internationale Mietwagenfirmen eine Niederlassung. Die wichtigsten dieser Firmen haben Filialen direkt am Flughafen, wo auch die Mietwagen abgeholt/abgegeben werden können. Beachten Sie bitte, dass die Nachfrage in der Hochsaison deutlich ansteigt, so dass es sich empfiehlt, rechtzeitig zu reservieren. Reiseveranstalter und Fluggesellschaften haben normalerweise preisgünstige Kombinationen (Flugzeug-Mietwagen oder Schiff-Mietwagen) im Angebot.

Es werden auch Motorräder, Mopeds und Fahrräder, sogar Tandems, in vielen Orten vermietet.

Bitte beachten Sie, dass die Höchstgeschwindigkeit auf den Landstraßen 90 km/h und innerhalb der Ortschaften 40 km/h beträgt. Auf Wald- oder Feldwegen empfiehlt es sich angesichts der schlechten Sichtverhältnisse aufgrund der vielen Kurven von der Hupe und Lichthupe Gebrauch zu machen; in jedem Fall ist äußerste Vorsicht geboten. Fahren Sie nicht zu schnell, denn es gibt weder Radwege noch breite Bürgersteige. Außerdem wechselt die Neigung der Fahrbahn wechselt ständig. Und schließlich gilt auch wie überall: Wer trinkt sollte nicht fahren. Ab 0,3 Promille am Steuer ist mit empfindlichen Bußgeldern zu rechnen.

GESUNDHEITSWESEN

Der Hauptsitz des öffentlichen Gesundheitswesens ist das Krankenhaus **Verge de Monte Toro**, in der C/Barcelona, Nr. 3, in Maó (Tel. 917 157 700, www.smen.es). Notrufnummer 061.

Die medizinische Erstversorgung ist über einzelne Bezirke verteilt, die jeweils über ein eigenes Gesundheitszentrum verfügen. Das für den Ostbezirk zuständige **Dalt Sant Joan** befindet sich in Maó, in der C/Fornells Nr. 107-109, Tel. 971 353 255. Für den zentralen Teil der Insel ist das Zentrum Es Banyer in Alaior zuständig, C/Mestre Duràn s/n, Tel. 971 372 931. Das betreffende Zentrum für den westlichen Teil der Insel, **Canal Salat**, befindet sich in Ciutadella, C/St. Antoni Mª Claret s/n , Tel. 971 480 111/971 480 112.

Jedes Dorf besitzt außerdem eine Krankenstation für die Behandlung leichterer Krankheitsfälle. In Maó, Dalt Sant Joan, gibt es eine Beratungsstelle für Frauen, Tel. 971 352 988.

Das Rote Kreuz hat an den wichtigsten Stränden Unfallstationen eingerichtet.

Darüber hinaus gibt es private Gesundheitszentren, in Ciutadella die **Clínica Menorca**, C/Canonge Moll s/n, Tel. 971 480 505), und in Maó die **Policlínica Verge de Gràcia**, C/Vives Llull 6 (Tel. 971 351 115).

Das Rote Kreuz hat Erste-Hilfe-Stationen an den wichtigsten Stränden eingerichtet.

Notarztwagen

Notrufnummer:
Uvi Mòvil 061
Rotes Kreuz:
Maó 971 361 180
Ciutadella. .971 381 993
Alaior 971 372 067
Ferreries 971 373 139
Mercadal 971 375 300
Sant Lluís. .971 150 774

WICHTIGE RUFNUMMERN

Notruf. 112
Feuerwehr
Maó 971 351 011
Ciutadella. .971 380 809
Ortspolizei Maó 971 363 961
Ortspolizei Ciutadella. 971 380 787
Zivilschutz .971 989 135
Telefonische Telegrammaufgabe 902 197 197
Polizei:
Policia Nacional 091
Guàrdia Civil. 062
Policia Municipal 092
Funktaxi
Maó, Alaior, Mercadal 971 367 111
Ciutadella. .971 482 222
. . . . .971 382 896
Es Castell 971 362 779
Sant Lluís. .971 150 641
Ferreries 971 480 685
Consell Insular de Menorca. 971 356 050
Tourismus:
Foment de Turisme 971 362 377
Delegació Conselleria de
Turisme. 971 360 879
Touristeninformation
Maó 971 355 952
Ciutadella. .971 382 693
Flughafen. .971 157 115
Stadtverwaltungen
Alaior 971 371 002
Ciutadella. .971 381 050
Es Castell 971 365 193
Es Mercadal 971 375 002
Es Migjorn Gran. 971 370 111
Ferreries 971 373 003
Maó 971 369 800
Sant Lluís. .971 150 950
Konsulate:
Deutschland 971 361 668
Frankreich 971 354 387
Großbritannien 971 363 373
. . . . .971 712 445
Italien. 971 724 214
Niederlande 971 354 363